1+X 职业技能鉴定考核指导手册

保育员

五级

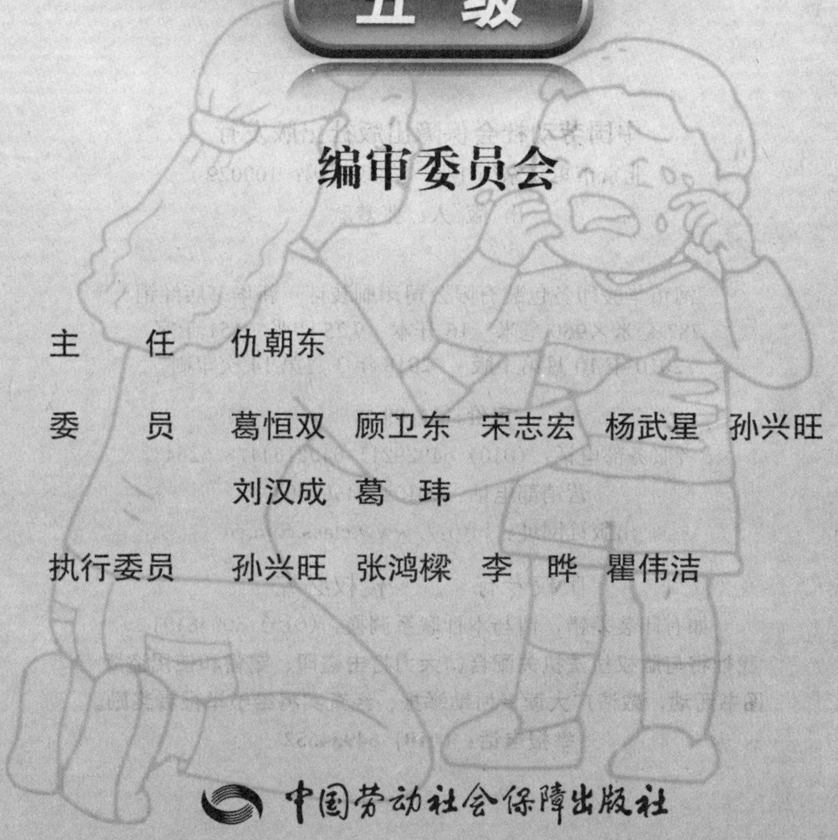

编审委员会

主　　任　仇朝东

委　　员　葛恒双　顾卫东　宋志宏　杨武星　孙兴旺
　　　　　刘汉成　葛　玮

执行委员　孙兴旺　张鸿樑　李　晔　瞿伟洁

中国劳动社会保障出版社

图书在版编目(CIP)数据

保育员：五级/上海市职业培训研究发展中心组织编写. —北京：中国劳动社会保障出版社，2010

1+X 职业技能鉴定考核指导手册

ISBN 978-7-5045-8686-5

Ⅰ.①保… Ⅱ.①上… Ⅲ.①幼教人员-职业技能鉴定-自学参考资料 Ⅳ.①G615

中国版本图书馆 CIP 数据核字(2010)第 197491 号

中国劳动社会保障出版社出版发行

(北京市惠新东街 1 号 邮政编码：100029)

出 版 人：张梦欣

*

三河市华骏印务包装有限公司印刷装订 新华书店经销

787 毫米×960 毫米 16 开本 9.25 印张 151 千字

2010 年 10 月第 1 版 2018 年 3 月第 14 次印刷

定价：16.00 元

读者服务部电话：(010) 64929211/64921644/84626437

营销部电话：(010) 64961894

出版社网址：http://www.class.com.cn

前　言

职业资格证书制度的推行，对广大劳动者系统地学习相关职业的知识和技能，提高就业能力、工作能力和职业转换能力有着重要的作用和意义，也为企业合理用工以及劳动者自主择业提供了依据。

随着我国科技进步、产业结构调整以及市场经济的不断发展，特别是加入世界贸易组织以后，各种新兴职业不断涌现，传统职业的知识和技术也愈来愈多地融进当代新知识、新技术、新工艺的内容。为适应新形势的发展，优化劳动力素质，上海市人力资源和社会保障局在提升职业标准、完善技能鉴定方面做了积极的探索和尝试，推出了1+X培训鉴定模式。1+X中的1代表国家职业标准，X是为适应上海市经济发展的需要，对职业标准进行的提升，包括了对职业的部分知识和技能要求进行的扩充和更新。上海市1+X的培训鉴定模式，得到了国家人力资源和社会保障部的肯定。

为配合上海市开展的1+X培训与鉴定考核的需要，使广大职业培训鉴定领域专家以及参加职业培训鉴定的考生对考核内容和具体考核要求有一个全面的了解，人力资源和社会保障部教材办公室、中国就业培训技术指导中心上海分中心、上海市职业培训研究发展中心联合组织有关方面的专家、技术人员共同编写了《1+X职业技能鉴定考核指导手册》。该手册由“理论知识复习题”“操作技能复习题”和“理论知识模拟试卷及操作技能模拟试卷”三大块内容组成，书中介绍了题库的命题依据、试卷结构和题型题量，同时从上海市1+X鉴定题库中抽取部分理论知识题、操作技能试题和模拟样卷供考生参考和练习，便于考生能够有针对性地进行考前复习准备。今后我们会随着国家职业标准以及鉴定题库的提升，逐步对手册内容进行补充和完善。

本系列手册在编写过程中，得到了有关专家和技术人员的大力支持，在此一并表示感谢。

由于时间仓促，缺乏经验，如有不足之处，恳请各使用单位和个人提出宝贵意见和建议。

1+X职业技能鉴定考核指导手册

编审委员会

目　录

CONTENTS　1+X 职业技能鉴定考核指导手册

保育员职业简介

一、职业名称

保育员。

二、职业定义

在托幼园所、社会福利机构以及其他保育机构中，负责班级清洁卫生及物品的保管工作；辅助教师和保健人员做好婴幼儿生活管理、卫生保健、教育工作的人员。

三、主要工作内容

从事的工作主要包括：(1) 配合晨检，进行全日观察和简单常用护理；(2) 一般清洁卫生工作及预防性消毒；(3) 常见疾病的预防护理及意外伤害的预防处理；(4) 掌握简单专业技能，配合教育活动；(5) 进行基础生活管理和物品保管。

第1部分

保育员（五级）鉴定方案

一、鉴定方式

保育员（五级）的鉴定方式分为理论知识考试和操作技能考核。理论知识考试采用闭卷计算机机考方式，操作技能考核采用现场实际操作方式。理论知识考试和操作技能考核均实行百分制，成绩皆达60分及以上者为合格。理论知识或操作技能不及格者可按规定分别补考。

二、理论知识考试方案（考试时间90 min）

题型、题量 / 题型	考试方式	鉴定题量	分值（分/题）	配分（分）
判断题	闭卷机考	60	0.5	30
单项选择题		70	1	70
小计	—	130	—	100

三、操作技能考核方案

考核项目表

职业（工种）名称		保育员		等级		五　级	
职业代码							
序号	项目名称	单元编号	单元内容	考核方式	选考方法	考核时间（min）	配分（分）
1	美工操作	1	美工操作	操作	必考	8	10
2	卫生保健	1	晨检、体检、意外伤害的预防与处理	操作	必考	4	15
		2	清洁与消毒、小儿常见病的预防及护理	操作	必考	4	15
3	生活保育	1	生活管理	操作	必考	4	25
		2	配合教育	操作	必考	4	10
4	保教操作	1	物品保管	操作	必考	5	15
		2	保育员教学操作（做操/简谱视唱）	操作	必考	3	10
合计						32	100
备注							

第2部分

鉴定要素细目表

职业（工种）名称					保育员	等级	五级
职业代码							
序号	鉴定点代码				鉴定点内容		备注
	章	节	目	点			
	1				小儿生长发育及体格锻炼		
	1	1			小儿各年龄阶段的划分及保健要点		
	1	1	1		各年龄阶段的划分		
1	1	1	1	1	婴儿期、幼儿期、学龄前期		
	1	1	2		保健要点		
2	1	1	2	1	婴儿期保健要点		
3	1	1	2	2	幼儿期保健要点		
4	1	1	2	3	学龄前期保健要点		
	1	2			小儿体格生长与神经精神发育		
	1	2	1		小儿体格生长		
5	1	2	1	1	体重的增长		
6	1	2	1	2	身高的增长		
7	1	2	1	3	牙齿、头围、胸廓的发育		
	1	2	2		小儿神经精神发育		
8	1	2	2	1	运动发育的规律		
9	1	2	2	2	感觉器官的发育		
10	1	2	2	3	语言的发育		

续表

职业（工种）名称					保育员	等级	五级
职业代码							
序号	鉴定点代码				鉴定点内容		备注
	章	节	目	点			
	1	3			小儿体格锻炼		
	1	3	1		小儿体格锻炼的作用		
11	1	3	1	1	小儿体格锻炼的意义		
	1	3	2		小儿体格锻炼的常用方法及注意事项		
12	1	3	2	1	日光		
13	1	3	2	2	空气		
14	1	3	2	3	水		
15	1	3	2	4	体操		
16	1	3	2	5	穿着		
	2				小儿营养基础知识与集体儿童膳食管理		
	2	1			营养基础知识		
	2	1	1		各类小儿营养素		
17	2	1	1	1	热能		
18	2	1	1	2	蛋白质		
19	2	1	1	3	脂肪		
20	2	1	1	4	碳水化合物		
21	2	1	1	5	维生素		
22	2	1	1	6	无机盐、膳食纤维、水		
	2	2			幼儿膳食安排与集体儿童膳食管理		
	2	2	1		幼儿膳食安排五项原则		
23	2	2	1	1	以乳类等软食为主，向固体食物转化		
24	2	2	1	2	食物应适合小儿年龄及消化特点		
25	2	2	1	3	膳食安排要注意有足够的营养素		
26	2	2	1	4	食谱应多样化，并合理搭配		
27	2	2	1	5	注意培养良好的饮食习惯		
	2	2	2		集体儿童膳食管理		

续表

职业（工种）名称					保育员	等级	五级
职业代码							
序号	鉴定点代码				鉴定点内容		备注
	章	节	目	点			
28	2	2	2	1	集体儿童膳食管理的基本要求		
	2	2	3		营养室及营养员的要求		
29	2	2	3	1	营养室及营养员的卫生要求		
	3				微生物基础知识与消毒隔离		
	3	1			微生物的基础知识		
	3	1	1		细菌与致病病毒		
30	3	1	1	1	细菌		
31	3	1	1	2	常见的致病病毒		
	3	2			托幼机构的卫生工作		
	3	2	1		环境卫生		
32	3	2	1	1	园所卫生		
33	3	2	1	2	保护水源不受污染		
34	3	2	1	3	消灭四害		
35	3	2	1	4	环境清扫制度原则		
36	3	2	1	5	环境清扫的具体要求		
	3	2	2		个人卫生		
37	3	2	2	1	个人卫生要求		
	3	3			托幼机构的消毒		
	3	3	1		预防性消毒		
38	3	3	1	1	预防性消毒的概念		
	3	3	2		常用的消毒方法		
39	3	3	2	1	物理消毒法		
40	3	3	2	2	化学消毒法		
	3	3	3		各种物品的预防性消毒的方法		
41	3	3	3	1	空气消毒		
42	3	3	3	2	食具消毒		

续表

职业（工种）名称					保育员	等级	五级
职业代码							
序号	鉴定点代码				鉴定点内容	备注	
	章	节	目	点			
43	3	3	3	3	毛巾消毒		
44	3	3	3	4	茶桶消毒		
45	3	3	3	5	玩具消毒		
46	3	3	3	6	席子消毒		
47	3	3	3	7	桌、椅消毒		
48	3	3	3	8	便器消毒		
	4				小儿常见病的预防		
	4	1			小儿常见传染病		
	4	1	1		小儿常见传染病		
49	4	1	1	1	小儿常见传染病概述		
50	4	1	1	2	流行性腮腺炎		
51	4	1	1	3	水痘		
52	4	1	1	4	细菌性痢疾		
53	4	1	1	5	甲型肝炎		
	4	2			小儿常见内科疾病		
	4	2	1		小儿常见呼吸道疾病		
54	4	2	1	1	小儿呼吸道解剖特点		
55	4	2	1	2	小儿常见呼吸道疾病的病因		
56	4	2	1	3	小儿常见呼吸道疾病的临床特征		
57	4	2	1	4	小儿常见呼吸道疾病的预防		
	4	2	2		小儿常见消化道疾病		
58	4	2	2	1	小儿消化道解剖特点		
59	4	2	2	2	感染型腹泻		
60	4	2	2	3	便秘		
	4	2	3		小儿常见营养性疾病		
61	4	2	3	1	营养不良		

续表

职业（工种）名称 职业代码					保育员	等级	五级
序号	鉴定点代码				鉴定点内容		备注
	章	节	目	点			
62	4	2	3	2	缺铁性贫血		
	4	2	4		小儿常见寄生虫病		
63	4	2	4	1	蛲虫病		
	4	3			小儿常见外科、皮肤科疾病		
	4	3	1		小儿常见外科疾病		
64	4	3	1	1	包茎		
65	4	3	1	2	急性阑尾炎		
	4	3	2		小儿常见皮肤病		
66	4	3	2	1	痱子、疖子		
67	4	3	2	2	脓疱疮		
68	4	3	2	3	荨麻疹		
	4	4			小儿常见眼、耳、鼻及口腔疾病		
	4	4	1		小儿常见眼、耳、鼻部疾病		
69	4	4	1	1	急性流行性结膜炎		
70	4	4	1	2	鼻出血		
71	4	4	1	3	急性化脓性中耳炎		
	4	4	2		小儿常见口腔疾病		
72	4	4	2	1	龋齿		
	5				托幼机构意外伤害的预防		
	5	1			意外伤害		
	5	1	1		意外伤害的概述		
73	5	1	1	1	意外伤害的定义、性质		
	5	2			托幼机构安全工作要求		
	5	2	1		园所建筑、设备的安全要求		
74	5	2	1	1	建筑的安全要求		
75	5	2	1	2	设备的安全要求		

续表

职业（工种）名称					保育员	等级	五级
职业代码							
序号	鉴定点代码				鉴定点内容	备注	
	章	节	目	点			
	5	2	2		生活环节的安全要求		
76	5	2	2	1	来园前的准备		
77	5	2	2	2	饮食		
78	5	2	2	3	睡眠		
79	5	2	2	4	盥洗		
80	5	2	2	5	接送		
	5	2	3		室内外活动的安全要求		
81	5	2	3	1	室内活动的安全要求		
82	5	2	3	2	室外活动的安全要求		
83	5	2	3	3	外出活动的安全要求		
	5	2	4		保育员的要求		
84	5	2	4	1	保育员安全要求		
	5	3			托幼机构意外伤害的预防和初步处理		
	5	3	1		意外伤害的预防		
85	5	3	1	1	防跌伤		
86	5	3	1	2	防烫伤		
87	5	3	1	3	防异物入体		
88	5	3	1	4	防走失、冒领		
89	5	3	1	5	预防睡眠中出现的问题		
	5	3	2		意外伤害的初步处理		
90	5	3	2	1	头部摔伤		
91	5	3	2	2	烫伤		
92	5	3	2	3	异物入体		
	6				托幼机构常用基础护理法		
	6	1			常用护理法		
	6	1	1		常用的基本护理方法		

续表

职业（工种）名称					保育员	等级	五级
职业代码							
序号	鉴定点代码				鉴定点内容	备注	
	章	节	目	点			
93	6	1	1	1	常备的外用药		
94	6	1	1	2	各类小创伤的处理方法		
	6	1	2		晨间检查和全日观察		
95	6	1	2	1	晨间检查		
96	6	1	2	2	全日观察		
	6	1	3		观察大小便		
97	6	1	3	1	观察大便		
98	6	1	3	2	观察小便		
	6	2			常见症状的护理法		
	6	2	1		发热的护理		
99	6	2	1	1	人体的体温及测量		
	6	2	2		鼻出血的简单处理		
100	6	2	2	1	鼻出血的止血方法		
	7				托幼机构的法规		
	7	1			托幼机构法规的概述		
	7	1	1		托幼机构的管理条例		
101	7	1	1	1	《条例》《规程》实施的时间		
102	7	1	1	2	保育员学习托幼机构法规的意义		
103	7	1	1	3	《条例》《规程》制定的依据		
104	7	1	1	4	《条例》与《规程》的关系及适用范围		
	7	1	2		《条例》和《规程》的主要任务		
105	7	1	2	1	幼儿园的性质和任务		
106	7	1	2	2	幼儿园保育和教育的目标		
107	7	1	2	3	保育概念及保教结合的原则		
108	7	1	2	4	幼儿园的卫生保健与教育		
109	7	1	2	5	保育员的职责和职业道德		

续表

职业（工种）名称					保育员	等级	五级
职业代码							
序号	鉴定点代码				鉴定点内容	备注	
	章	节	目	点			
	7	1	3		《上海市母婴保健条例》		
110	7	1	3	1	《上海市母婴保健条例》有关内容		
	8				婴幼儿心理发展		
	8	1			婴幼儿心理概述		
	8	1	1		心理和心理现象		
111	8	1	1	1	心理的概念		
112	8	1	1	2	心理现象的内容		
	8	1	2		婴幼儿心理发展		
113	8	1	2	1	婴幼儿心理发展的基本规律		
114	8	1	2	2	影响婴幼儿心理发展的因素		
	8	2			婴幼儿心理过程的发展		
	8	2	1		婴幼儿感觉、知觉的发展		
115	8	2	1	1	婴幼儿感知觉的概念和种类		
116	8	2	1	2	婴幼儿观察的概念和种类		
117	8	2	1	3	婴幼儿感知觉发展的特点		
	8	2	2		婴幼儿记忆的发展		
118	8	2	2	1	记忆的概念、记忆的时间		
119	8	2	2	2	记忆的种类		
120	8	2	2	3	婴幼儿记忆发展的特点		
	8	2	3		婴幼儿思维的发展		
121	8	2	3	1	思维的概念		
122	8	2	3	2	婴幼儿思维的方式及特点		
	8	2	4		婴幼儿想象的发展		
123	8	2	4	1	想象的概念和种类		
124	8	2	4	2	想象的特点		
	8	2	5		婴幼儿注意的发展		

续表

职业（工种）名称					保育员	等级	五级
职业代码							
序号	鉴定点代码				鉴定点内容		备注
	章	节	目	点			
125	8	2	5	1	婴幼儿注意的品质及特点		
126	8	2	5	2	促进婴幼儿认识能力发展应注意的问题		
	8	2	6		婴幼儿情感的发展		
127	8	2	6	1	婴幼儿情感的分类		
128	8	2	6	2	婴幼儿情感发展的特点		
	8	2	7		婴幼儿意志的发展		
129	8	2	7	1	婴幼儿意志发展的特点		
	8	2	8		婴幼儿心理过程发展的一般规律		
130	8	2	8	1	婴幼儿心理过程发展的一般规律		
	9				婴幼儿生活活动中的保育		
	9	1			生活活动保育概述		
	9	1	1		婴幼儿生理特点		
131	9	1	1	1	消化系统		
132	9	1	1	2	神经系统		
133	9	1	1	3	泌尿系统		
134	9	1	1	4	皮肤		
	9	1	2		婴幼儿心理特点		
135	9	1	2	1	婴幼儿心理特点与生活保育		
	9	1	3		生活活动的双重任务		
136	9	1	3	1	生活活动贯穿着保育和教育的双重任务		
	9	1	4		生活活动的主要内容及其保育任务		
137	9	1	4	1	生活活动的主要内容概述		
138	9	1	4	2	睡眠中的保育任务		
139	9	1	4	3	进餐中的保育任务		
140	9	1	4	4	排便中的保育任务		
141	9	1	4	5	盥洗的保育任务		

续表

职业（工种）名称					保育员	等级	五级
职业代码							
序号	鉴定点代码				鉴定点内容		备注
	章	节	目	点			
	9	2			生活活动中的保育		
	9	2	1		睡眠中的保育		
142	9	2	1	1	创造适宜的睡眠环境		
143	9	2	1	2	睡眠护理工作中的常规保育		
144	9	2	1	3	尿床儿的睡眠护理		
145	9	2	1	4	惊哭儿的睡眠护理		
146	9	2	1	5	体弱儿的睡眠护理		
147	9	2	1	6	睡眠中的注意事项		
	9	2	2		进餐中的保育		
148	9	2	2	1	进餐要定时、定点		
149	9	2	2	2	进餐要定量		
150	9	2	2	3	餐前消毒		
151	9	2	2	4	分发餐具饭菜		
152	9	2	2	5	挑食儿的进餐护理		
153	9	2	2	6	体弱儿的进餐护理		
154	9	2	2	7	肥胖儿的进餐护理		
155	9	2	2	8	餐后漱口和清洁卫生工作		
156	9	2	2	9	进餐中的注意事项		
157	9	2	2	10	饮水的准备及照顾幼儿饮水		
	9	2	3		盥洗中的保育		
158	9	2	3	1	洗手的准备工作及指导洗手的顺序		
159	9	2	3	2	洗脸的准备工作及指导洗脸的顺序		
160	9	2	3	3	洗澡的准备工作及指导洗澡的顺序		
161	9	2	3	4	盥洗中的注意事项		
	9	2	4		排便的保育		
162	9	2	4	1	了解婴幼儿排便情况及规律		

续表

职业（工种）名称					保育员	等级	五级
职业代码							
序号	鉴定点代码				鉴定点内容		备注
	章	节	目	点			
163	9	2	4	2	厕所、便器的清洁与消毒		
164	9	2	4	3	排便护理		
165	9	2	4	4	观察并及时发现婴幼儿大小便的异常情况		
	10				婴幼儿游戏、学习、运动中的保育		
	10	1			婴幼儿学习中的保育		
	10	1	1		婴幼儿学习活动中的保育		
166	10	1	1	1	婴幼儿学习活动中的注意事项		
	10	1	2		学习活动中的卫生工作		
167	10	1	2	1	阅读卫生		
168	10	1	2	2	绘画和书写的卫生		
169	10	1	2	3	唱歌的卫生		
	10	1	3		保育员的作用		
170	10	1	3	1	保育员在学习活动中的作用		
	10	2			婴幼儿运动中的保育		
	10	2	1		运动中的安全工作		
171	10	2	1	1	运动中的注意事项		
	10	2	2		婴幼儿运动的作用和特点		
172	10	2	2	1	婴幼儿运动的作用		
173	10	2	2	2	婴幼儿运动的负荷特点		
174	10	2	2	3	保育员对运动量的掌控		
	10	2	3		运动前的保育		
175	10	2	3	1	运动前的准备工作		
	10	2	4		运动过程中的保育		
176	10	2	4	1	运动过程中的注意事项		
	10	3			婴幼儿游戏中的保育		
	10	3	1		婴幼儿游戏中的注意事项		

续表

职业（工种）名称					保育员	等级	五级
职业代码							
序号	鉴定点代码				鉴定点内容	备注	
	章	节	目	点			
177	10	3	1	1	游戏的作用		
178	10	3	1	2	游戏的种类		
179	10	3	1	3	玩具的种类		
180	10	3	1	4	游戏中保育员的作用与注意事项		
	11				托幼园所设备、物品的保管		
	11	1			设备、物品的保管与保育要求		
	11	1	1		设备、物品的保管范围与保育员职责		
181	11	1	1	1	设备、物品的定义及保管的范围		
182	11	1	1	2	本班物品		
183	11	1	1	3	保育员的保管职责		
184	11	1	1	4	保育员班内物品的保管要求		
	11	2			物品的保管方法与要求		
	11	2	1		生活用具的清洁与保管		
185	11	2	1	1	卧具的保管要求		
186	11	2	1	2	卧具的清洁消毒要求		
187	11	2	1	3	卫生用具的保管要求		
188	11	2	1	4	卫生用具的清洁消毒要求		
189	11	2	1	5	婴幼儿衣物的清洁与保管要求		
	11	2	2		玩具、运动器械的清洁与保管		
190	11	2	2	1	玩具的保管要求		
191	11	2	2	2	玩具的清洁要求		
192	11	2	2	3	运动器械的清洁与保管要求		
	12				保育员专业技能技巧		
	12	1			音乐		
	12	1	1		婴幼儿音乐活动		
193	12	1	1	1	婴幼儿音乐活动的意义与形式		

续表

职业（工种）名称					保育员	等级	五级
职业代码							
序号	鉴定点代码				鉴定点内容	备注	
	章	节	目	点			
194	12	1	1	2	简谱乐理知识（音的高低）		
195	12	1	1	3	简谱乐理知识（音的长短）		
196	12	1	1	4	简谱乐理知识（音的强弱）		
197	12	1	1	5	简谱乐理知识（常用记号）		
	12	2			美工		
	12	2	1		婴幼儿美工活动		
198	12	2	1	1	婴幼儿美工活动的意义与形式		
199	12	2	1	2	婴幼儿美工活动的主要技能		
	12	3			体操		
	12	3	1		婴幼儿体操		
200	12	3	1	1	体操的形式及适宜的年龄		

第 3 部分

理论知识复习题

小儿生长发育及体格锻炼

一、判断题（将判断结果填入括号中。正确的填“√”，错误的填“×”）

1. 幼儿期儿童的年龄是 3～6 周岁。 （ ）
2. 婴儿期保健要点之一是加强五官保健。 （ ）
3. 婴儿期是小儿生长发育的第一个高峰期，生长发育非常迅速，所以对营养要求高。 （ ）
4. 学龄前期的儿童保健重点是加强护理和保暖工作。 （ ）
5. 学龄前期儿童对疾病抵抗能力较前增强，故预防传染病不是保健的主要工作。 （ ）
6. 体重能反映小儿生长发育的综合情况。 （ ）
7. 小儿体重增长的速度是随年龄的增长而加快。 （ ）
8. 小儿身高增长的速度是随年龄的增长而加快。 （ ）
9. 小儿 1 岁时的身高约为出生时的 1.5 倍。 （ ）
10. 胸围反映胸廓以及肺的发育情况。 （ ）
11. 小儿 2 岁后胸围还没超过头围，就可以认为是胸廓发育不良。 （ ）
12. 语言的形成有一定的程序，大致为发音、理解和表达，语言发育的关键期是 3 岁前。 （ ）

13. 语言的最终形成主要通过听音模仿。 （ ）
14. 新生儿对温度反应敏感，对痛觉反应较迟钝。 （ ）
15. 小儿动作的发展是手抓的动作先于手放的动作。 （ ）
16. 体格锻炼能促进生小儿生长发育。 （ ）
17. 体格锻炼可以提高小儿的睡眠质量。 （ ）
18. 晒太阳能预防小儿佝偻病。 （ ）
19. 冬天开窗睡眠会使小儿感冒，应关窗睡。 （ ）
20. 小儿嬉水的时间最长不宜超过 25 min。 （ ）
21. 嬉水是利用水进行锻炼的好方法，能使孩子肌肉和骨骼得到充分锻炼。 （ ）
22. 1 岁以内的婴儿还不会走路，不适宜体操锻炼。 （ ）
23. 日常生活中幼儿的衣着要紧身，便于活动。 （ ）
24. 幼儿期儿童与外界接触较多，免疫力较低，易患传染病。 （ ）
25. 幼儿期的小儿活动范围扩大，要谨防意外事故的发生。 （ ）

二、单项选择题（选择一个正确的答案，将相应的字母填入题内的括号中）

1. 幼儿期儿童的年龄是（ ），此时期的小儿动作和语言发育迅速。
   A. 出生到 1 周岁　B. 1 到不满 3 周岁　C. 0～6 周岁　D. 3 到不满 7 周岁
2. 学龄前期幼儿的年龄是（ ）。
   A. 出生到 1 周岁　B. 出生到 3 周岁　C. 4～6 周岁　D. 3 到不满 7 周岁
3. 婴儿期小儿的保健要点是（ ）。
   A. 合理喂养　B. 按时接受预防接种
   C. 按时添加辅食　D. 以上三项都是
4. （ ）不是幼儿期保健要点。
   A. 开展早期教育　B. 预防意外事故　C. 定期检查视力　D. 良好习惯培养
5. （ ）不是学龄前期保健要点。
   A. 加强教养　B. 减少与外界的接触
   C. 保证摄入足够的营养　D. 预防意外事故和传染病
6. 评定小儿体格发育的诸项指标中，最重要的是（ ）。

A. 胸廓　　B. 身高　　C. 体重　　D. 胸围

7. 影响小儿身高的核心因素是（　　）。

A. 遗传　　B. 气候　　C. 环境　　D. 早期教育

8. 前囟一般在小儿（　　）大闭合。

A. 3～4个月　　B. 5～6个月　　C. 6～12个月　　D. 12～18个月

9. 小儿能用拇食指取物是在（　　）。

A. 4～5个月　　B. 5～6个月　　C. 6～7个月　　D. 7～8个月

10. 小儿先能抬头、支撑、独坐，而后会站立、行走，这符合运动发育的（　　）。

A. 协调规律　　B. 上下规律　　C. 粗细规律　　D. 正反规律

11. （　　）个月的婴儿眼会跟随物体移动。

A. 3　　B. 6　　C. 8　　D. 12

12. 婴儿（　　）个月时能听声转头。

A. 2～4　　B. 1～2　　C. 4～6　　D. 3～4

13. 下列关于小儿语言发育的说法正确的是（　　）。

A. 语言发育的关键期是1～2岁

B. 语言的形成是天生的，不需要练习

C. 女孩比男孩晚一些

D. 与小儿交流越多，其语言发育就越迅速

14. 与小儿体格锻炼的意义无关的说法是（　　）。

A. 增强体质　　B. 提高小儿对疾病的抵抗力

C. 预防意外事故的发生　　D. 培养小儿良好的品质

15. 小儿每天接收光照不能少于（　　）。

A. 1 h　　B. 2 h　　C. 0.5 h　　D. 5 h

16. 冬季晒太阳应在上午9点到下午4点，夏季则应在（　　）。

A. 上午8—9点和下午3—4点　　B. 上午10点前

C. 上午9点前、下午4点后　　D. 下午3点后

17. 日常生活中提倡（　　），这样能使小儿尽快入睡。

A. 关窗睡眠　　B. 开窗睡眠　　C. 开灯睡眠　　D. 开空调睡眠

18. 下列关于睡眠的叙述错误的是（　　）。

A. 睡眠时室内空气流通能使小儿得到充足的氧气

B. 睡眠时小儿呼吸到寒冷新鲜的空气能增强呼吸道的抵抗力

C. 睡眠时要将门窗全部关好

D. 睡眠时空气的流通能降低呼吸道疾病的感染率

19. 下列关于利用沐浴进行锻炼的描述错误的是（　　）。

A. 沐浴能使小儿的皮肤得到锻炼　　B. 沐浴能促进小儿体格生长

C. 冬季沐浴 2～3 天 1 次　　D. 清洁皮肤

20. 2～3 岁小儿适宜的体操是（　　）。

A. 被动操　　B. 主被动操　　C. 竹竿操　　D. 模仿操

21. 竹竿操适宜的年龄是（　　）。

A. 7～12 个月　　B. 1～2 岁　　C. 2～3 岁　　D. 3～4 岁

22. 关于幼儿在日常生活中的衣着要求是（　　）。

A. 宜穿着棉质服装　　B. 宜穿款式应稍宽大、轻便的衣服

C. 避免件数过多　　D. 以上都对

23. 在日常生活中衣着要适宜，宜穿着（　　）服装，款式应稍宽大。

A. 涤纶　　B. 腈纶　　C. 棉质　　D. 丝质

小儿营养基础知识与集体儿童膳食管理

一、判断题（将判断结果填入括号中。正确的填“√”，错误的填“×”）

1. 在对热能的需要中，生长发育所需的热能是小儿与成年人最大的区别。（　　）
2. 豆制品是动物蛋白。（　　）
3. 乳脂是植物性脂肪。（　　）
4. 新鲜的水果和蔬菜含维生素 A 最丰富。（　　）
5. 在乳制品、蛋黄和海产品中含铁较丰富。（　　）

6. 小儿体内的水分比成人多，所以要随时为幼儿提供饮用水。（　）

7. 1～3岁儿童的膳食中，乳类为重要食品。（　）

8. 给2～3岁小儿吃鸡，可不用去骨。（　）

9. 2～3岁的儿童的食物应切成小丁。（　）

10. 培养孩子不挑食不偏食，成人做榜样很重要。（　）

11. 未吃完自己那份饭菜的儿童，事后可补充零食、糖果。（　）

12. 三大功能营养素蛋白质、脂肪、碳水化合物的质量比等于1∶1∶2。（　）

13. 小儿食物的品种要丰富，要做到动物蛋白质与植物蛋白质搭配。（　）

14. 小儿食物的品种要多，并且需要合理搭配，如荤素搭配、水果蔬菜搭配。（　）

15. 幼儿每天应固定时间进餐，进餐时间不少于30 min，两餐间隔一般为3～4 h。（　）

16. 幼儿的进餐时间不少于30 min，两餐间隔4～5 h。（　）

17. 营养员要做到“三白”即白手套、白帽子、白工作服。（　）

18. 碳水化合物所产生的热能占一日总供给量的10%～25%。（　）

二、单项选择题（选择一个正确的答案，将相应的字母填入题内的括号中）

1. 小儿的年龄越小，生长越迅速，所需热能越多，所以在几项所需的热能中，小儿特有的需要是（　），这也是与成年人最大的区别。

A. 基础代谢　　B. 生长发育　　C. 动作　　D. 排泄消耗

2. 蛋白质可提供热能，占一日总供给量的（　）。

A. 12%～15%　　B. 25%～35%　　C. 20%～30%　　D. 30%～40%

3. （　）含蛋白质最丰富。

A. 水果　　B. 油、糖　　C. 鱼、瘦肉　　D. 土豆

4. （　）是动物性脂肪。

A. 奶油　　B. 麻油　　C. 菜油　　D. 豆油

5. （　）是植物性脂肪。

A. 猪油　　B. 牛油　　C. 乳脂　　D. 玉米油

6. （　）含丰富的碳水化合物。

A. 鱼肉　　B. 西红柿　　C. 山芋　　D. 柑橘

7. 大米、面条富含的营养素是（　　）。

A. 碳水化合物　　B. 脂肪　　C. 蛋白质　　D. 维生素

8. 肝脏中富含维生素 A 和（　　），维生素 C 在蔬菜、水果中含量较多。

A. 碳水化合物　　B. 脂肪　　C. 蛋白质　　D. 维生素 D

9. 维生素 A 在（　　）中含量丰富。

A. 大米　　B. 黄豆　　C. 肝　　D. 西瓜

10. （　　）含铁最丰富。

A. 瘦肉　　B. 牛奶、豆制品　　C. 水果　　D. 鱼肝油

11. 1～3 岁儿童的膳食，（　　）为重要食品。

A. 面条　　B. 乳类　　C. 米饭　　D. 稀饭

12. 1～3 岁儿童随着乳牙出齐咀嚼消化能力逐渐增强，膳食向固体转化，但吃（　　）还是不适宜的。

A. 烂面条　　B. 乳类　　C. 炸鸡腿　　D. 稀饭

13. 小于 2 岁的儿童的食物应切成（　　）。

A. 较大快　　B. 小丁　　C. 碎末或泥　　D. 细丝

14. 三大功能营养素蛋白质、脂肪、碳水化合物的质量比应是（　　）。

A. 1∶1∶2　　B. 1∶2∶3

C. 2∶3∶4　　D. 1∶（0.9～1）∶（4～5）

15. 动物性蛋白质及豆类蛋白质应达到摄入总量的（　　）。

A. 20%　　B. 50%　　C. 40%　　D. 30%

16. 食物的品种要多，并且需要合理搭配，因此要做到（　　）。

A. 米面搭配、荤素搭配、粗细搭配、干稀搭配

B. 米面搭配、水果蔬菜搭配、粗细搭配、干稀搭配

C. 米面搭配、荤素搭配、甜辣搭配、干稀搭配

D. 米面搭配、肉类和禽类搭配、粗细搭配、干稀搭配

17. 为让幼儿吃饭，吃饭时可以让幼儿（　　）。

A. 玩玩具　　B. 看图书　　C. 讲故事　　D. 以上都不可以

18. 小儿食谱应随季节不同而不同，进餐时间应该不少于（　　）。

A. 10 min　　B. 20 min　　C. 30 min　　D. 40 min

19. 营养室要经常打扫卫生，做到（　　）；食具要消毒，食品要验收。

A. 每天大扫除　　B. 每天小扫除，每周大扫除

C. 每月大扫除　　D. 每季度大扫除

20. 营养员要做到“三白”“四勤”，其中“四勤”包括（　　）。

A. 勤洗头洗澡　　B. 勤换衣　　C. 勤剪指甲　　D. 以上三项都是

微生物基础知识与消毒隔离

一、判断题（将判断结果填入括号中。正确的填“√”，错误的填“×”）

1. 细菌的致病性与细菌入侵的毒力有关。（　　）
2. 痢疾杆菌是细菌性痢疾的病原菌，致病力较强，且对消毒剂不敏感。（　　）
3. 煮沸或利用蒸汽的高温是消灭病毒的最好方法。（　　）
4. 托幼机构园舍应空气流通，日照充足，儿童活动房应朝向东南方向。（　　）
5. 托幼机构应与医院相毗邻，方便幼儿就医。（　　）
6. 营养室的污水池应远离清洁水池。（　　）
7. 营养室洗荤菜池与洗素菜池应严格分开，但水产品和禽类可以放在同一池里清洗。（　　）
8. 打扫卫生的操作顺序应从上到下，先清洁区后污染区。（　　）
9. 环境清扫应做到每天一小扫，每周一大扫。（　　）
10. 消灭蚊子的最佳方法是消灭蚊子滋生地。（　　）
11. 幼儿园每天早晨打开活动室、卧室的门窗，保持空气流通，并用消毒水擦拭活动室、卧室的物体表面。（　　）
12. 幼儿的被套应每月清洗1～2次，被褥应每月晒1～2次。（　　）
13. 幼儿及幼儿园工作人员都应该用肥皂流动水洗手。（　　）

14. 虽然没有发现明显的传染源，但场所和物品可能被病原体污染，因而进行的消毒称预防性消毒。（　）

15. 预防性消毒就是每天对环境、场地进行清洁和整理。（　）

16. 在使用空调的情况下，室内空气消毒只需每天通风一次。（　）

17. 最方便有效又经济的预防性空气消毒法是开窗通风。（　）

18. 氧乙酸的化学性质不稳定，腐蚀性及刺激性强，储存不当有爆炸危险。（　）

19. 消毒后的茶杯放入茶杯架时，应杯口朝下，杯柄朝外，手不能触及杯口。（　）

20. 托幼机构最常用、最方便的食具消毒方法是高压蒸汽消毒法。（　）

21. 托幼机构常用的预防性消毒毛巾方法是用含氯消毒液浸泡。（　）

22. 幼儿的擦手、擦脸、擦汗毛巾都应做到用一次消毒一次。（　）

23. 每天早晨将茶桶内的隔夜水倒掉，然后放入温开水供幼儿饮用。（　）

24. 玩具应每月消毒一次。（　）

25. 婴托班和发生传染病班级的玩具应增加消毒次数。（　）

26. 餐前桌面消毒顺序是先用清水毛巾擦拭桌面，再用消毒液擦拭，作用 20 min 后再用清水毛巾去除残留消毒剂。（　）

27. 小便便盆、抽水马桶、便池均应每天消毒 2 次。（　）

28. 夏令季节席子每天要用温水擦拭，每周用消毒液擦拭 1~2 次。（　）

29. 发生传染病的班级，席子应每天消毒。（　）

二、单项选择题（选择一个正确的答案，将相应的字母填入题内的括号中）

1. 代表细菌致病力的强弱程度是（　）。

A. 数量　　B. 大小　　C. 毒力　　D. 入侵部位

2. 化学物品中能够杀灭病毒的消毒剂是（　）。

A. 红汞　　B. 含氯制剂　　C. 双氧水　　D. 生理盐水

3. 蚊子可以传播（　）。

A. 乙型脑炎　　B. 流行性脑脊髓膜炎

C. 乙型肝炎　　D. 伤寒

4. 托幼园所可以建造在（　）旁边。

A. 集贸市场　B. 娱乐场所　C. 医院　D. 居民区

5. 盥洗室内洗手池与污水池之间的位置关系是（　　）。

A. 两者一样高　B. 洗手池高于污水池

C. 污水池高于洗手池　D. 两者紧邻

6. 灭鼠、灭蟑螂应该在幼儿（　　）进行。

A. 来园前　B. 离园后　C. 午睡时　D. 户外活动时

7. 托幼机构中消灭“四害”的方法不正确的是（　　）。

A. 养猫　B. 灭蚊拍　C. 粘鼠板　D. 捕蝇器

8. 打扫卫生的操作顺序应从上到下，（　　）。

A. 从脏污的区域到清洁的区域　B. 没有严格规定

C. 从清洁的区域到脏污的区域　D. 视情况而定

9. 盥洗室每天打扫2次，分别在（　　）。要做到整洁通风、无污垢、无臭味。

A. 早晨和离园时　B. 早晨和午睡时

C. 午睡和离园后　D. 午睡和户外活动时

10. 每天（　　）要清扫户外活动场地。清洁大型运动器械的表面每周要消毒1次。

A. 早晨　B. 幼儿午睡时

C. 幼儿户外活动时　D. 幼儿午餐时

11. 为了保护幼儿视力，幼儿画画、写字时光线要（　　）。

A. 从右侧采光　B. 暗淡　C. 柔和　D. 刺眼

12. 下列物品中，除（　　）外，托幼机构均应按要求进行日常预防性消毒。

A. 玩具　B. 食具　C. 毛巾　D. 食品

13. 下列不适合用煮沸消毒方法进行消毒的物品是（　　）。

A. 毛巾　B. 碗筷　C. 玩具　D. 茶杯

14. 用蒸汽消毒时，物品摆放应该（　　）。

A. 紧叠以提高效率　B. 疏松放置

C. 毛巾在上，茶杯在下　D. 茶杯在上，毛巾在下

15. 用消毒液消毒物品时，应掌握消毒液的有效浓度及（　　）。

A. 消毒次序　B. 消毒场所　C. 消毒范围　D. 消毒时间

16. 碘伏适用于（　　）的消毒。

A. 金属制品　B. 皮肤、黏膜　C. 吐泻物　D. 体温表

17. 托幼机构活动室空气消毒应做到每天开窗通风（　　）次。

A. 1～2　B. 2～3　C. 3～4　D. 4～5

18. 紫外线灯消毒空气时，有效照射距离不超过（　　）。

A. 0. 5 m　B. 1 m　C. 2 m　D. 3 m

19. 用蒸汽法预防性消毒茶杯，消毒时间是水沸腾冒汽后再蒸（　　）。

A. 5 min　B. 10 min　C. 20 min　D. 30 min

20. 用煮沸法预防性消毒毛巾时，水沸腾后再煮（　　）。

A. 5 min　B. 10 min　C. 15 min　D. 20 min

21. 茶水桶应（　　）消毒一次。

A. 每天　B. 每周　C. 每月　D. 每学期

22. 茶水桶应每周消毒（　　）。

A. 1～2 次　B. 2～3 次　C. 3～4 次　D. 5 次

23. 图书、画报的消毒方法是（　　）。

A. 醋熏　B. 消毒液喷雾　C. 消毒液擦拭　D. 日光曝晒

24. 席子的消毒步骤是：先用消毒液擦拭，过（　　）后再用清水擦一遍，放阴凉处晾干。

A. 5 min　B. 10 min　C. 20 min　D. 30 min

25. 幼儿的餐桌每天在餐前（　　）清洁消毒一遍。

A. 10 min　B. 20 min　C. 30 min　D. 40 min

26. 以下关于擦桌子的顺序正确的是（　　）。

A. 先擦桌面再擦四边　B. 先擦四边再擦桌面

C. 先擦桌面再擦桌角　D. 先擦桌角再擦桌面

27. 抽水马桶的消毒方法是（　　）。

A. 喷雾法　B. 浸泡法　C. 擦拭法　D. 冲洗法

28.（　　）适宜消毒便器。

A. 去污粉　　B. 洁厕精　　C. 洗洁精　　D. 含氯制剂

小儿常见病的预防

一、判断题（将判断结果填入括号中。正确的填“√”，错误的填“×”）

1. 对传染病患者必须做到：早发现、早诊断、早报告、早隔离、早治疗。（　　）
2. 为切断传播途径，凡病人接触过的环境和物品等必须做好严格的消毒。（　　）
3. 流行性腮腺炎是消化道传染病。（　　）
4. 流行性腮腺炎的医学观察期为45天。（　　）
5. 水痘的发病高峰季节为夏秋季。（　　）
6. 细菌性痢疾的医学观察期为21天。（　　）
7. 甲型肝炎的医学观察期为14天。（　　）
8. 小儿上呼吸道感染后容易侵及结膜的原因是鼻泪管短。（　　）
9. 小儿上呼吸道感染后容易并发中耳炎的原因是鼻泪管短。（　　）
10. 气候变化时，免疫力低下的小儿易患支气管炎。（　　）
11. 急性支气管炎主要的症状是发热、咳嗽加剧、分泌物增多。（　　）
12. 扁桃体炎主要由细菌引起，好发于2岁以下的小儿。（　　）
13. 预防儿童呼吸道疾病的方法是注意冷暖，多喝开水，加强锻炼。（　　）
14. 婴儿口腔两颊部脂肪垫发达，有利于吸吮。（　　）
15. 婴幼儿腹泻都是由于细菌感染引起的。（　　）
16. 改善饮食成分，训练排便习惯，可以预防便秘。（　　）
17. 婴幼儿营养不良主要是由于蛋白质、热能长期摄入不足或疾病引起的消化吸收障碍所致。（　　）
18. 营养不良的幼儿应多吃油炸食品，增加热能。（　　）
19. 轻度贫血是指血色素低于90 g/L。（　　）
20. 儿童应该在2岁时候穿满裆裤。（　　）

21. 包茎最佳手术年龄是 2～3 岁。（　）

22. 包茎只有通过手术才能治疗。（　）

23. 腹痛数小时后转移到左下腹是急性阑尾炎的特征。（　）

24. 保持皮肤清洁干燥，可以预防疖子、痱子的发生。（　）

25. 痱子是因汗液分泌过多，阻塞汗孔，刺激周围组织所引起的。（　）

26. 急性流行性结膜炎传播途径为患眼污染的水、手或物。（　）

27. 预防“红眼睛”应做到一人一巾，用后高温消毒，流行期间室内用具、玩具等也需消毒。（　）

28. 脓疱疮传染性强，因此托幼机构内发生脓疱疮后，应做好空气消毒，杜绝流行。（　）

29. 一旦发现脓疱疮患儿，应及时隔离，做好终末消毒。（　）

30. 荨麻疹发生得快，消退得慢。（　）

31. 皮肤干燥是荨麻疹的主要症状。（　）

32. 严重的化脓性中耳炎可引起鼓膜穿孔。（　）

33. 早晚刷牙，饭后漱口可以预防龋齿的发生。（　）

34. 轻度贫血是指血色素低于 110 g/L。（　）

35. 鼻出血量多可引起贫血，有面色苍白、头晕等症状。（　）

36. 小儿鼻出血常见的局部原因为外伤、异物、息肉等。（　）

二、单项选择题（选择一个正确的答案，将相应的字母填入题内的括号中）

1. 控制传染病传播流行的环节是（　）。

A. 控制传染源　B. 切断传播途径　C. 保护易感者　D. 以上三项都是

2. 流行性腮腺炎是由腮腺炎病毒引起的传染病，它是通过（　）传播的。

A. 尿　B. 大便　C. 呕吐物　D. 唾液飞沫

3. 小儿患水痘后，要在（　）并取得医院病愈证明后方可允许返回托幼园所。

A. 旧痘结痂　B. 无新痘出现

C. 旧痘全部结痂无新痘出现　D. 出水痘后 2 周

4. 水痘的潜伏期是（　）天。

A. 5～7　B. 7～10　C. 10～21　D. 21～45

5. 细菌性痢疾的大便多为（　），伴里急后重感。

A. 果酱便　B. 黏冻脓血便　C. 稀水便　D. 羊粪状便

6. 细菌性痢疾的传播途径是（　）。

A. 污染飞沫　B. 污染土壤　C. 污染接触　D. 污染食物

7. 甲型肝炎的传播途径是（　）。

A. 呼吸道　B. 消化道　C. 接触　D. 虫媒

8. 下列关于甲型肝炎的主要症状描述错误的是（　）。

A. 厌油腻　B. 腹泻　C. 尿如浓茶色　D. 肝肿大

9. 小儿气管和支气管的特点是（　）。

A. 较成人狭窄　B. 软骨柔软

C. 黏膜血管组织丰富　D. 以上三项都是

10. 诱发儿童上呼吸道感染的原因有（　）。

A. 生理特点　B. 抵抗力低　C. 冷热不当　D. 以上三项都是

11. 上呼吸道感染的病原体（　）以病毒为主。

A. 70%以上　B. 80%以上　C. 90%以上　D. 100%

12. 上呼吸道感染主要由病毒引起，主要的症状有（　）。

A. 流涕　B. 咳嗽　C. 发热　D. 以上三项都是

13. 小儿常见呼吸道疾病的预防措施有开窗通风、避免交叉感染、讲究卫生、积极治疗营养性疾病和平时多参加“三浴”，包括空气浴、水浴和（　）。

A. 日光浴　B. 雪浴　C. 雨浴　D. 风浴

14. 为增强体质，预防上呼吸道感染，要做好“三浴”锻炼，即（　）。

A. 淋浴、风浴、水浴　B. 空气浴、水浴、日光浴

C. 日光浴、水浴、淋浴　D. 风浴、空气、淋浴

15. 消化器官包括口腔、食管、肠和（　）。

A. 胃　B. 肺　C. 脾　D. 肾

16. 乳儿容易发生呕吐或溢乳的原因是（　）。

A. 肠比成人长　　B. 胃呈水平位　　C. 食管短　　D. 唾液少

17. 轻型腹泻通常是指每日稀便（　　）。

A. 2～3 次　　B. 3～4 次　　C. 5～6 次　　D. 10 次以上

18. 重型腹泻是指一天（　　）以上的不成形的稀水便。

A. 3 次　　B. 5 次　　C. 7 次　　D. 10 次

19. 引起幼儿便秘的原因以下正确的是（　　）。

A. 病毒感染　　B. 细菌感染　　C. 中耳炎　　D. 食物成分不当

20. 多补充水分和含（　　）丰富的食物，可改善便秘。

A. 纤维素　　B. 维生素　　C. 动物蛋白　　D. 植物蛋白

21. 营养不良的主要表现是（　　）。

A. 胃口差　　B. 肌肉松弛　　C. 皮下脂肪薄　　D. 以上三项都是

22. 缺铁性贫血的主要表现是（　　）。

A. 胃口差　　B. 面色苍白　　C. 乏力　　D. 以上三项都是

23. 贫血患儿应多吃（　　）。

A. 鸡肝、鸭肝　　B. 瘦肉、牛肉　　C. 维生素 C　　D. 以上三项都是

24. 蛔虫病的传播与环境卫生以及个人卫生密切相关，但是蛲虫病的传播途径是（　　）。

A. 空气传播　　B. 自身感染　　C. 呼吸道传播　　D. 土壤传播

25. 以下关于蛲虫病的主要症状正确的是（　　）。

A. 恶心、呕吐　　B. 拒食或挑食　　C. 肛门周围瘙痒　　D. 以上三项都是

26. 小儿在学龄前期包皮仍不能上翻，可以考虑包皮环切术，手术适宜的年龄是（　　）。

A. 1～2 岁　　B. 2～3 岁　　C. 4～5 岁　　D. 6～7 岁

27. 以下不是急性阑尾炎的表现的是（　　）。

A. 喜卧　　B. 发热　　C. 腹痛　　D. 黄疸

28. 急性阑尾炎临床表现为发热、呕吐及（　　）。

A. 左下腹痛　　B. 右下腹痛　　C. 右上腹痛　　D. 左上腹痛

29. 因汗孔阻塞引起的疾病是（　）。

A. 疖子　　B. 痱子　　C. 毛囊炎　　D. 脓疱疮

30. 脓疱疮的传染方式是（　）。

A. 接触传播　　B. 搔抓感染部位

C. 接触病人污染物　　D. 以上三项都是

31. 吃（　）最有可能会引起荨麻疹。

A. 苹果　　B. 虾　　C. 猪肉　　D. 青菜

32. 急性流行性结膜炎的传染性（　）。

A. 一般　　B. 慢　　C. 弱　　D. 强

33. 常见鼻出血的部位为（　）。

A. 鼻中隔中部　　B. 鼻中隔前方

C. 鼻中隔前下方　　D. 鼻中隔上方

34. 小儿易患中耳炎是因（　）特点而决定的。

A. 咽鼓管　　B. 鼻泪管　　C. 腮腺导管　　D. 面神经管

35. 小儿感冒后最常见的并发症是（　）。

A. 肝炎　　B. 肾炎　　C. 中耳炎　　D. 菌痢

36. 引起龋齿的因素主要有饮食、牙齿本质结构、唾液和（　），最容易发生在磨牙的咬颌面和相邻牙齿的接触面上。

A. 病毒　　B. 细菌

C. 真菌　　D. 以上三项混合引起

37. 预防龋齿应定期进行口腔检查，减少或控制（　）的摄入。

A. 水果和鱼肉　　B. 糖类和饮料　　C. 米饭和蔬菜　　D. 蔬菜和坚果

托幼机构意外伤害的预防

一、判断题（将判断结果填入括号中。正确的填“√”，错误的填“×”）

1. 由于保教人员失职导致小儿残疾的属于重大责任伤害。（　）

2. 幼儿园班级安排时应遵循小班在下、大班在上的原则。（ ）

3. 电器插座安装的高度不得低于1.0 m。（ ）

4. 大型运动器械应该放在泥地、塑胶地、草坪上，并要有适当间距和防护装置。（ ）

5. 婴幼儿在入园前1个月内，必须到指定医疗卫生机构进行全身体格检查，合格后才能入园。（ ）

6. 烧好的饭菜应放在备餐桌上等待温度降到不烫手方可分发。（ ）

7. 安排床位时，卧室内要保持一定的光线，体弱多病的幼儿应该睡在最外面。（ ）

8. 淋浴时，为锻炼幼儿生活能力，保育员调试好水温后，应让大班幼儿自己冲淋。（ ）

9. 建立接送制度是防止幼儿被冒领的有效方法之一。（ ）

10. 临时改变接领人时，只要有书面委托，保育员也可以把幼儿交给他。（ ）

11. 小儿上楼梯时，保育员领先；下楼梯时，保育员随后。（ ）

12. 活动前保育员要将幼儿佩戴的饰品取下来。（ ）

13. 每次嬉水必须由保育员带领，涉水活动的水深以到幼儿大腿部为宜。（ ）

14. 外出活动乘车时要保证每个幼儿都能入座，但不要让幼儿坐在第一排。（ ）

15. 外出活动时，在活动前、活动中和中途变更场所时都要及时清点人数，以防幼儿走失。（ ）

16. 盥洗室清洁工作要按需进行，地面要随时保持干燥。（ ）

17. 活动室内热水瓶、热饭、热菜要放在小儿碰不到的地方。（ ）

18. 活动中应根据场地大小安排活动量，尽量使活动区域宽敞，不设障碍物。（ ）

19. 花坛的边缘做成直角容易造成幼儿跌伤。（ ）

20. 热源不进班、不放在幼儿活动场所是预防烫伤的关键。（ ）

21. 保育员放在走廊角落的热汤锅被幼儿碰翻而发生烫伤，其责任在于孩子太顽皮。（ ）

22. 为了防止小儿异物入体，不能让小儿将小玻璃球、小木珠等物品带入幼儿园。（ ）

23. 门卫离开岗位，应将边门锁上。 ( )

24. 为防止走失和冒领，应加强门卫管理。园所的大门只有在接送时间对外开放。 ( )

25. 卧室内要有一定的光线，使保育员能观察到每个幼儿的脸。 ( )

26. 小儿摔伤后有恶心、呕吐、头痛等现象，提示有颅内损伤，应立即送医院。( )

27. 小儿头部摔伤，成人应对其观察 12 h。 ( )

28. 严重烫伤时，如果皮肤与衣服粘连，应该马上脱去衣服。 ( )

29. 幼儿眼睛进入异物时，切不可揉搓眼睛，以免损伤角膜。 ( )

30. 一旦幼儿发生异物进入气管时，急救原则是边送医院边急救。 ( )

二、单项选择题（选择一个正确的答案，将相应的字母填入题内的括号中）

1. 意外伤害通常分为一般伤害、责任伤害和重大责任伤害，以下属一般伤害的是( )。

A. 烫伤　B. 跌伤　C. 走失　D. 高处坠落

2. 下列属于责任伤害的是（ ）。

A. 缝针　B. 跌伤　C. 烫伤　D. 脱臼

3. 室内、盥洗室和户外场地的地面建筑材料分别应该是（ ）。

A. 木地板、水泥地、水泥地　B. 木地板、防滑地砖、塑胶地

C. 水泥地、防滑地砖、塑胶地　D. 水泥地、防滑地砖、草地

4. 关于楼梯的描述不正确的是（ ）。

A. 要有儿童扶手　B. 宽度至少可以容纳 2 人并行

C. 要有防滑嵌条　D. 台阶不能过高

5. 关于家具的描述正确的是（ ）。

A. 家具应以塑料材质为宜　B. 边角应做成直角

C. 家具的安装要牢固　D. 家具的摆放以美观为标准

6. 幼儿每天入园时，保健老师都要进行晨检，了解每个幼儿的健康状况，检查有无携带（ ）。

A. 玩具　B. 图书　C. 不安全物品　D. 书包

7. 保育员在做清洁工作时，发现活动室窗下放置（　　），应及时移开。

A. 桌椅　　B. 玩具架　　C. 靠垫　　D. 自然角

8. 幼儿午餐后剩余的饭菜应（　　）。

A. 午点时再吃　　B. 倒掉

C. 下顿再吃，吃前回锅煮透　　D. 由老师食用

9. （　　）不宜给托大班幼儿食用。

A. 鱼丁　　B. 鸡翅　　C. 肉末　　D. 虾球

10. 幼儿睡眠时保教人员应（　　）巡视 1 次，有蒙被现象应及时纠正。

A. 30 min　　B. 25 min　　C. 20 min　　D. 15 min

11. 幼儿午睡时，保教人员应（　　）。

A. 抓紧时间备课　　B. 准备教玩具　　C. 加强巡视　　D. 抓紧时间午餐

12. 组织幼儿如厕，应根据（　　）分批进行，避免拥挤碰撞。

A. 幼儿人数　　B. 男女幼儿比例　　C. 盥洗室面积　　D. 盥洗室厕位数

13. 组织幼儿如厕，要分批进行，避免幼儿（　　）。

A. 在厕所游戏　　B. 拥挤碰撞　　C. 玩水　　D. 浪费时间

14. 为防止幼儿走失、被冒领或拐骗，要建立（　　）。

A. 健康检查制度　　B. 生活制度　　C. 接送制度　　D. 卫生制度

15. 不适宜做幼儿玩具的物品是（　　）。

A. 纸盒　　B. 雪花插片　　C. 玻璃瓶　　D. 橡皮泥

16. 室内玩具不宜选择（　　）做材料。

A. 木质　　B. 铁质　　C. 塑料　　D. 布艺

17. 室外活动前要（　　），以确保幼儿在活动中的安全。

A. 检查幼儿鞋带和裤管　　B. 检查教室内的玩具

C. 检查幼儿是否携带不安全物品　　D. A 和 C

18. 下列关于外出活动安全的叙述正确的是（　　）。

A. 乘车时可以让小朋友挤坐在一起　　B. 行走时走在人行道上

C. 只需在幼儿上车前清点人数　　D. 乘车时幼儿可以坐在第一排

19. 为了幼儿的安全，保育员要持证上岗，爱岗敬业，操作规范。托幼园所的危险用品（包括消毒剂）应（　　）。

A. 放储藏室内　　B. 放柜子里

C. 专人保管并上锁保存　　D. 放盥洗室内

20. 下列关于玩具的放置叙述正确的是（　　）。

A. 锁在橱柜中　　B. 放在较深的整理箱里

C. 放在抽屉里　　D. 让每个幼儿都能拿到

21. 为幼儿盥洗、淋浴时应该（　　）。

A. 同时打开冷、热水龙头　　B. 先放热水再放冷水

C. 先关冷水再关热水　　D. 成人手不离水流

22. （　　）容易被幼儿误吞、误塞入气道。

A. 饭菜　　B. 水果　　C. 饼干　　D. 纽扣

23. 不宜在托幼机构中给幼儿食用的食物是（　　）。

A. 水果　　B. 果冻　　C. 蛋糕　　D. 馒头

24. 幼儿离园时遇到临时更换接领人时，保教人员应（　　）。

A. 不能让幼儿走

B. 让幼儿走

C. 等孩子父母来接

D. 与幼儿父母联系确认后才能放孩子走

25. 幼儿睡眠时保育员要做到（　　）。

A. 检查幼儿口腔，不含饭睡觉　　B. 使卧室光线比较暗

C. 安排体质弱的幼儿要睡在最里面　　D. 每 30 min 巡视 1 次

26. 幼儿睡眠时保育员要做到（　　）。

A. 检查幼儿口腔，不含饭睡觉

B. 每 15 min 巡视 1 次

C. 安排体质弱的幼儿要睡在最外面，头朝外

D. 以上三项都是

27. 室外大型玩具不宜直接放置在（　　）。

A. 塑胶地上　　B. 草坪上　　C. 海绵垫上　　D. 水泥地上

28. 小儿烫伤时皮肤出现红、肿、痛，应立即（　　）。

A. 用手按摩　　B. 涂肥皂水　　C. 涂烫伤膏　　D. 冷水冲淋

29. 小儿轻度烫伤，创面上应涂（　　）。

A. 蓝油烃　　B. 牙膏　　C. 酱油　　D. 麻油

30. 如果豆类入耳，可以（　　），并让幼儿侧头单脚跳。

A. 滴水　　B. 用硬物去挖　　C. 滴油　　D. 用镊子夹

托幼机构常用基础护理法

一、判断题（将判断结果填入括号中。正确的填“√”，错误的填“×”）

1. 用于皮肤消毒的酒精，浓度应为 90%，且越浓越好。（　　）

2. 碘酊不能与红药水合用。（　　）

3. 切割伤较深较大时，应该用消毒纱布包扎，及时送医院。（　　）

4. 用热水袋为婴儿保暖不必用毛巾或布包裹。（　　）

5. 冷敷用冰水比一般冷水效果好。（　　）

6. 保育员要及时掌握小儿晨间检查时发现的问题。（　　）

7. 晨检时发现传染病或疑似传染病者，应暂时不进班，可由家长带幼儿去医院就诊，或留在观察室临时隔离观察。（　　）

8. 全日观察中发现的有关幼儿健康问题，都应做及时认真记录。（　　）

9. 全日观察中要特别做好体弱儿的护理。（　　）

10. 发现幼儿的大便有黏冻带脓血，应立即将小儿送医院诊治，并对大便及便器进行消毒。（　　）

11. 一旦发现幼儿尿液异常，应及时留取尿液，并及时通知保健老师。（　　）

12. 口表测量法适用年龄是 2～3 岁。（　　）

13. 幼儿鼻出血时应头后仰，额部冷敷，以达止血效果。（　　）

二、单项选择题（选择一个正确的答案，将相应的字母填入题内的括号中）

1. 碘液、高锰酸钾应存放在（　）内。

A. 透明玻璃瓶内　　B. 透明塑料瓶内

C. 棕色塑料瓶内　　D. 棕色玻璃瓶内

2. 小儿刚跌伤时应该用（　）方法减缓症状。

A. 冷敷　　B. 热敷　　C. 按摩　　D. 以上都可以

3. 幼儿皮肤轻微擦伤，正确的处理方法是（　）。

A. 用生理盐水清洗，再贴护伤膏　　B. 用酒精消毒，再贴护伤膏

C. 用生理盐水清洗，再涂红药水　　D. 用双氧水清洗，再涂紫药水

4. 以下不适宜冷敷的是（　）。

A. 头面部化脓性感染部位　　B. 跌伤 24 h 内的部位

C. 腹部　　D. 胸部

5. 晨间检查是在幼儿晨初入园时的检查，主要目的是了解幼儿健康状况、检查卫生情况和（　），做到早发现、早报告、早隔离、早治疗、早预防。

A. 询问孩子在家的饮食情况　　B. 检查幼儿有没有修剪手指甲

C. 检查幼儿有无携带手帕　　D. 发现引发危险的因素

6. 全日观察的内容是观察孩子在幼儿园一天的（　）。

A. 精神、活动

B. 精神、活动、饮食

C. 精神、活动、饮食、睡眠

D. 精神、活动、饮食、睡眠、大小便、体温

7. 幼儿大便呈稀水状，最可能的是（　）。

A. 菌痢　　B. 胃肠炎　　C. 消化不良　　D. 肝炎

8. 幼儿大便见鲜血主要考虑（　）。

A. 肛裂　　B. 肠套叠　　C. 菌痢　　D. 胃出血

9. 儿童小便正常与否，通常从量、透明度、颜色、气味和次数五大方面来辨别，正常的小便呈（　）。

A. 浓茶色　　B. 淡黄色　　C. 血色　　D. 白色

10. 小儿出现尿频、尿急、尿痛，最有可能是患了（　）。

A. 肾炎　　B. 肾结石　　C. 便秘　　D. 尿路感染

11. 口腔温度一般为（　），比直肠温度低，比腋下温度高。

A. 36～36.5℃　　B. 36～37℃　　C. 36.5～37.5℃　　D. 37～38℃

12. 当幼儿不慎将口腔表咬破并吞下时，正确的做法是（　），并急送医院。

A. 口服大量蛋白或牛奶　　B. 大量喝水

C. 服适量香油　　D. 吞饭团

13. 鼻出血的止血方法是让孩子取半卧位，头（　），用两手捏紧鼻翼 10 min。

A. 向上抬　　B. 略向前倾　　C. 向后仰　　D. 左右摇动

14. 幼儿鼻出血用手法压迫止血，正常儿童（　）min 后如不再流血，血就止住了。

A. 1～2　　B. 2～3　　C. 3～5　　D. 5～10

托幼机构的法规

一、判断题（将判断结果填入括号中。正确的填“√”，错误的填“×”）

1.《幼儿园管理条例》《幼儿园工作规程》《上海市母婴保健条例》都是全国性的托幼机构法规。（　）

2. 保育员学习托幼机构法规有助于增强法制观念，依法行事。（　）

3.《规程》规定幼儿园的适宜年龄是 3～6 岁，根据地区差别也可到 7 周岁。（　）

4.《规程》规定幼儿园的办园年制可以 5 年是正确的。（　）

5. 为了体现办园的灵活性，幼儿园可以有全日制、半日制、定时制、季节制和寄宿制等办园形式。（　）

6. 幼儿园是对 3 周岁以上学龄前幼儿实施保育与教育的机构。（　）

7. 培养小足球、小乒乓球的选手是幼儿园体育目标内容之一。（　）

8. 幼儿园美育目标是培养幼儿初步的感受美和表现美的情趣和能力。（　）

9. 托儿所应重视保育工作，幼儿园应重视教育工作。（　）

10. 幼儿园保育是指对幼儿身体保育和心理保育。　(　　)

11. 幼儿园要严格遵守作息制度，作息时间的安排应四季不变。　(　　)

12. 由于幼儿园每个班级的人数较多，因而无法因人施教、注重个体差异。　(　　)

13. 组织指导音乐活动是《幼儿园工作规程》所规定的保育员职责之一。　(　　)

14. 保育员职业道德之一是热爱事业，爱护幼儿，品德良好，为人师表。　(　　)

15. 托儿所、幼儿园应当设立保健室，实行寄宿制的，还应当设立隔离室，保育员必须持证上岗。　(　　)

16.《上海市母婴保健条例》是卫生部颁布的法规。　(　　)

二、单项选择题（选择一个正确的答案，将相应的字母填入题内的括号中）

1.《幼儿园工作规程》的实施时间是（　　）。

A. 1990 年 2 月 1 日　　B. 1996 年 6 月 1 日

C. 1997 年 3 月 1 日　　D. 1990 年 6 月 1 日

2.《幼儿园管理条例》的实施时间是（　　）。

A. 1989 年 2 月 1 日　　B. 1990 年 2 月 1 日

C. 1990 年 6 月 1 日　　D. 1996 年 2 月 1 日

3. 保育员学习托幼机构法规有助于（　　），进一步明确托幼园所的任务和工作职责，搞好本职工作。

A. 提高专业技能　　B. 增强法制观念

C. 工作更轻松　　D. 掌握专业知识

4.《条例》和《规程》中都指出幼儿园应当以游戏为基本活动，要重视幼儿园（　　）。

A. 卫生保健工作　　B. 学习活动安排

C. 游戏活动安排　　D. 生活管理

5. 历史经验告诉我们，为满足社会需求，开办幼儿园必须（　　），实行地方负责、分级管理、各有关部门分工负责的管理体制。

A. 依靠地方政府　　B. 依靠社会各方面力量

C. 依靠企事业单位　　D. 依靠社会团体

6.《幼儿园工作规程》适用于（　　）。

A. 城市幼儿园　　B. 城镇幼儿园

C. 城市条件好的幼儿园　　D. 城乡各类幼儿园

7.《幼儿园管理条例》旨在加强（　　）。

A. 幼儿园内部科学管理　　B. 幼儿园外部宏观管理

C. 对企事业幼儿园管理　　D. 对区县托幼领导机构管理

8. 托幼园所的任务是（　　）。

A. 确保婴幼儿健康　　B. 育人、服务

C. 解决家长后顾之忧　　D. 培养婴幼儿全面和谐发展

9. 幼儿园是对 3 周岁以上学龄前幼儿实施保育与教育机构，是基础教育的有机组成部分，是学校教育制度的（　　）。

A. 基础阶段　　B. 前期阶段　　C. 重要阶段　　D. 辅助阶段

10. 幼儿园智育目标的内容是（　　）。

A. 培养正确运用感官和运用语言交往的基本能力

B. 培养有益的兴趣和求知欲望

C. 发展幼儿智力

D. 以上三项都是

11.（　　）是指成人为幼儿的生存与发展提供必需的、良好的环境和条件，给予幼儿精心的照顾和养育。

A. 保育　　B. 教育　　C. 体育　　D. 心理

12. 幼儿园应制定科学合理的生活制度，做好卫生工作，科学编制食谱，做好健康检查等。其中在园幼儿要（　　）体检 1 次。

A. 每年　　B. 每学期　　C. 每季度　　D. 每个月

13.《幼儿园工作规程》所规定的保育员职责是（　　）。

A. 做好园所设备的清洁卫生工作和班级设备、用具的保管

B. 配合本班教师组织教育活动

C. 在医务人员和教师指导下，执行幼儿园安全、卫生保健制度

D. 以上三项都是

14.《上海市母婴保健条例》规定托幼园所聘用无健康证的人员从事托幼园所工作的，卫生行政部门应当予以警告或者处以（　）罚款。

A. 100～200 元　　B. 200～500 元

C. 500～1 000 元　　D. 500～2 000 元

婴幼儿心理发展

一、判断题（将判断结果填入括号中。正确的填“√”，错误的填“×”）

1. 人的心理发展离不开客观现实，它是心理产生的源泉和内容。（　）

2. 没有人脑就没有人的心理，人脑受损，人的心理也就受影响。（　）

3. 心理现象的各个方面都不是孤立的，而是彼此联系着的。（　）

4. 每个儿童心理发展的速度和水平会有所差异。（　）

5. 教育在一定的社会环境下对婴幼儿的心理发展起主导作用。（　）

6. 一般来说，只有初生的婴儿才有较单纯的感觉。（　）

7. 婴幼儿观察的目的性不明确，但有一定细致性。（　）

8. 观察是一种有目的、有计划、比较持久的知觉，是知觉的高级形式。（　）

9. 离开了感知觉，人就不可能认识客观世界中的一切事物。（　）

10. 能终身记住自己的生日，这是记忆的永久记忆。（　）

11. 人们能记住家里的电话号码和地址，这属于意义记忆。（　）

12. 幼儿去参加儿童节表演后，非常高兴，过了很长时间还没忘记，这属于情绪记忆。（　）

13. 婴幼儿以无意记忆、机械记忆占优势，有意记忆、形象记忆和逻辑记忆在逐步发展。（　）

14. 幼儿对鲜明强烈的印象和感兴趣的事物容易记住，这是由于幼儿的无意识记忆占优势的表现。（　）

15. 人脑对客观现实的能动的反映是思维。（　）

16. 思维是人脑对客观现实概括的、间接的反映。（　）

17. 幼儿的思维发展一般由具体形象思维逐步向感知动作思维方向发展。（　）

18. 3 岁以下的小儿以直觉性动性思维方式为主。（　）

19. 人们规划设计某一小区属于无意想象。（　）

20. 幼儿绘画时，画出小朋友在月亮上捉迷藏，这是孩子的想象与现实混淆。（　）

21. 一名小班幼儿说节日放假爸爸妈妈带他坐飞机到香港玩，事实上孩子根本没去香港，这是孩子在说谎。（　）

22. 游戏是发展幼儿有意注意的良好手段。（　）

23. 幼儿正在操场上做操，一架飞机从天空中飞过，发出很响的声音，这时孩子看着天空中的飞机不再做操，这是幼儿的无意注意。（　）

24. 各年龄阶段婴幼儿认识能力的发展是各不相同的，保育员学习和了解婴幼儿各年龄阶段发展的特点，对促进婴幼儿认识能力的发展有一定的作用。（　）

25. 婴幼儿认识能力的发展与平时游戏游玩无关。（　）

26. 高级的社会情感主要有道德感、理智感和美感，看到别人随地吐痰而生气是道德感的表现。（　）

27. 看到别人乱扔垃圾而生气这是幼儿的美感的表现。（　）

28. 幼儿一会儿哭，一会儿又高兴地笑了，这是孩子情绪不稳定，容易变化的特点。（　）

29. 幼儿喜欢表扬、鼓励，不喜欢批评，这是快乐情感的表现。（　）

30. 意志的品质不包括果断性、坚持性、被动性、自制力。（　）

31. 婴幼儿的意志行动比较差。（　）

32. 幼儿认识数字“5”时，先练习数 5 样东西的实物，然后认识数字“5”，这是孩子从个别零散到整体系统认识过程的规律。（　）

33. 2～3 岁幼儿的认识以单个、具体事物为主，到 5 岁时，对事物的认识已较整体化、系统化了。（　）

二、单项选择题（选择一个正确的答案，将相应的字母填入题内的括号中）

1. 只有当（　）影响和作用于正常人脑时，才会产生人的心理现象。

A. 客观世界的事物　　B. 观点

C. 思想　　D. 思维

2. 人的心理现象分为心理过程和个性心理，心理过程包括（　　）。

A. 需要、动机、认识　　B. 能力、世界观、情感

C. 性格、意志、兴趣　　D. 认识、情感、意志

3. 人的心理现象可分为（　　）两大部分。

A. 知、情和意　　B. 个性心理特征和个性倾向性

C. 心理过程和心理倾向　　D. 心理过程和个性心理

4. 婴幼儿心理发展的基本规律是连续性、阶段性、稳定性、敏感性、（　　）。

A. 不变性和个别差异性　　B. 不变性和间断性

C. 可变性和个别差异性　　D. 可变性和间断性

5. 5岁左右是幼儿建立数字概念的关键年龄，这是（　　）的表现。

A. 个别差异性　　B. 稳定性　　C. 连续性　　D. 敏感性

6. 遗传和生理成熟是影响婴幼儿心理发展的主要因素之一，是婴幼儿心理发育的（　　）。

A. 精神基础　　B. 社会基础　　C. 物质基础　　D. 心理基础

7. 影响婴幼儿心理发展的因素有遗传和生理成熟、环境和教育，其中环境起着（　　）。

A. 主导作用　　B. 决定作用　　C. 明显作用　　D. 积极作用

8. 感觉是人脑对客观事物的（　　）的反映，分为外部感觉和内部感觉。

A. 整体属性　　B. 内部属性　　C. 个别属性　　D. 外部属性

9. 外部感觉有视觉、听觉等，内部感觉有（　　）。

A. 运动觉、状态觉、平衡觉　　B. 位置觉、状态觉、平衡觉

C. 运动觉、状态觉、内脏感觉　　D. 运动觉、平衡觉、内脏感觉

10. 观察是知觉的高级形式，下列关于婴幼儿观察的特征，错误的是（　　）。

A. 观察的目的性不明确　　B. 观察的持续时间较长

C. 观察的概括性不强　　D. 观察的细致性不够

11. （　　）是婴儿认识世界的开端，是智力发展的早期基础，经验、语词在其发展过

程中的作用不断增大。

A. 感知觉　B. 注意　C. 记忆　D. 想象

12.（　）是婴儿认识世界的开端，是智力发展的早期基础。

A. 瞬时记忆　B. 创造想象　C. 感知觉　D. 能力

13. 记忆是人脑对（　）的反映，包括识记、保持、再认和回忆。

A. 客观事物　B. 现在事物　C. 过去经验　D. 未来事物

14. 识记材料保持的时间不超过 1～2 s 的记忆是（　）。

A. 瞬时记忆　B. 长时记忆　C. 永久记忆　D. 短时记忆

15. 按记忆是否有目的可分为无意记忆和有意记忆，幼儿能背诵儿歌属于（　）。

A. 有意记忆　B. 长时记忆　C. 无意记忆　D. 短时记忆

16. 以下关于婴幼儿记忆发展的特点的描述正确的是（　）。

A. 儿童很容易记住看过的广告　B. 相比数字而言，小儿能先记住小兔跳

C. 儿童能背古诗但不懂含义　D. 以上三项都是

17.（　）是人脑对客观现实概括的、间接的反映，是认识的高级阶段。

A. 心理　B. 思维　C. 记忆　D. 观察

18. 3～6 岁的幼儿的思维方式以（　）为主。

A. 直觉行动性思维　B. 具体形象性思维

C. 抽象逻辑性思维　D. 以上都不对

19.（　）是人脑对已有表象进行加工改造，形成新形象的心理过程。

A. 想象　B. 观察　C. 记忆　D. 思维

20. 幼儿想象的特点之一是（　）。

A. 有意想象为主，无意想象正在发展　B. 想象就是现实

C. 幻想为主，再造想象正在发展　D. 再造想象为主，创造想象开始发展

21. 孩子画画时，将人的嘴巴、牙齿画得很大，这是孩子的（　）。

A. 再造想象　B. 想象的夸大性

C. 想象与现实混淆　D. 幻想

22. 注意的品质包含许多方面，以下错误的是（　）。

A. 注意的范围　　B. 注意的转移

C. 注意的分配和注意的稳定性能　　D. 注意的多少

23. 幼儿生活在不同的家庭，认识能力的发展是各不相同的，要促进婴幼儿认识能力的发展必须（　　）。

A. 有统一的发展要求　　B. 以自然发展为主

C. 因人而异，因人施教　　D. 重视能力强的幼儿的发展

24. 一名幼儿学会故事表演“拔萝卜”感受到成功后的喜悦，这属于孩子的高级社会情感中的（　　）。

A. 道德感　　B. 理智感　　C. 美感　　D. 快乐

25. 关于婴幼儿的情感特点以下叙述不正确的是（　　）。

A. 不稳定、有明显的易变性　　B. 有强烈的依恋性

C. 情感外露，控制能力差　　D. 情绪情感不容易冲动

26. 要求幼儿去拿东西，但幼儿半途被别的孩子所进行的活动吸引，忘了自己原来的任务，这是因为幼儿（　　）。

A. 想象力丰富　　B. 注意力不集中

C. 记忆力比较差　　D. 意志行动差

27. 人的心理发展过程主要包括（　　）。

A. 认识过程、情感过程、意志过程　　B. 认识过程、个性过程、感知过程

C. 注意过程、感知过程、思维过程　　D. 感知过程、个性过程、注意过程

婴幼儿生活活动中的保育

一、判断题（将判断结果填入括号中。正确的填“√”，错误的填“×”）

1. 油炸、过硬的食品不宜给婴幼儿吃。（　　）

2. 婴幼儿胃的容量小，黏膜薄，蠕动力差，所以消化能力差。（　　）

3. 充足的睡眠可使全身各系统、血管、特别是神经系统得到充分休息，消除疲劳，积蓄养料和能量。（　　）

4. 婴幼儿神经系统的发育特点是兴奋强于抑制。（　）

5. 不要过于频繁地让婴幼儿排尿。（　）

6. 皮肤有调节体温的作用。（　）

7. 1～2 岁的小儿可以配合保育员进行生活活动。（　）

8. 婴幼儿年龄小，自理生活时常出现动作慢又做不好，还会添麻烦，还是由成人包办代替为宜。（　）

9. 生活活动中的保育工作应该由保育员负责，教育工作应改由教师负责。（　）

10. 保教结合的教育原则应贯穿在婴幼儿的一日生活活动中。（　）

11. 从小养成良好的生活方式有利于一生的健康。（　）

12. 睡眠是大脑皮质的抑制过程，对神经系统不能起到保护作用。（　）

13. 婴幼儿年龄越大，需要睡眠的次数越多。（　）

14. 婴幼儿 1 岁起就应开始学习左手扶碗，右手拿勺的进餐习惯。（　）

15. 在幼儿进餐的过程中，保育员的任务就是让幼儿愉快地吃完自己的一份饭菜。（　）

16. 婴幼儿排便中保育的主要任务是预防疾病。（　）

17. 对于 1 岁半左右的幼儿，保育员要培养其用声音、动作表示大小便，同时可逐渐不用尿布。（　）

18. 关于婴幼儿的盥洗，其重要性主要是促进身心健康。（　）

19. 盥洗是婴幼儿生活的一个重要环节，目的是培养其生活自理能力。（　）

20. 为了提高婴幼儿的睡眠质量，需要为婴幼儿创设一个温馨、舒适、卫生的环境。（　）

21. 幼儿园午睡前可以组织幼儿进行游戏活动。（　）

22. 睡眠时窗户应该两扇开、两扇关。（　）

23. 在婴幼儿睡眠的过程中，保育员应做到三勤，巡回检查 3 次。（　）

24. 保育员唤醒幼儿起床排尿时声音要轻柔。（　）

25. 当婴幼儿惊哭时，保育员要细心观察，若发现体温异常，要及时报告。（　）

26. 对于体弱儿要安排晚睡晚起。（　）

27. 婴幼儿入睡时喜欢将家里的毛绒玩具抱在怀里睡觉，保育员看到后应该拿掉。 (　　)

28. 对于婴幼儿在睡眠中的特殊习惯如嗅被角、抱玩具、吸吮手指等，保育员的做法是等幼儿睡着后再把玩具拿掉并引导逐渐放弃。 (　　)

29. 幼儿进餐时不应该边吃边看书、边吃边玩、边吃边看电视。 (　　)

30. 进餐要定时的好处在于能增强食欲、强化胃功能、促进消化吸收。 (　　)

31. 幼儿一日三餐营养的量要充足、全面，食物丰富多样。 (　　)

32. 幼儿一日三餐中安排是早餐吃少、午餐吃饱、晚餐吃好。 (　　)

33. 婴幼儿进餐前保育员应清洁餐桌。开饭前 20 min 须用 0.1%的过氧乙酸消毒桌面。 (　　)

34. 餐前桌面消毒顺序是先清洁后消毒，20 min 后用消毒抹布将桌面与四周擦干净。 (　　)

35. 保育员在分发餐具饭菜时应该先洗净双手。 (　　)

36. 分发餐具时，小班的孩子可以发筷子或刀叉。 (　　)

37. 进餐时要让挑食儿与肥胖儿坐在一起。 (　　)

38. 进餐时要让挑食儿与不挑食儿坐在一起，让其有个好榜样。 (　　)

39. 体弱儿的饭菜尽量多盛一些。 (　　)

40. 肥胖儿要控制饮食，要让他少吃点饭。 (　　)

41. 肥胖儿进餐时应采取的措施是吃完自己一份饭菜，可多添蔬菜，并细嚼慢咽。 (　　)

42. 还剩一个幼儿在吃饭时，保育员就能打扫卫生了。 (　　)

43. 餐后要提醒幼儿漱口，保育员要示范给幼儿看。 (　　)

44. 在幼儿进餐中，要注意不催促、不批评幼儿和处理问题，不边哭边喂饭。 (　　)

45. 不管年龄大还是年龄小的幼儿，保育员都应该让他们自己倒水和饮水。 (　　)

46. 幼儿洗手时要准备好肥皂、毛巾、流动水，冬天备好温水。 (　　)

47. 幼儿洗手时要准备肥皂、替换衣服、流动水。 (　　)

48. 幼儿洗脸要准备好一人一块消毒毛巾，冬天要注意毛巾保暖，并备好护肤品。 (　　)

49. 婴幼儿洗脸前如有鼻涕就可用同一条毛巾擦后再擦脸。 （ ）

50. 全托幼儿晚上洗脚、洗屁股应做到分盆分水洗。 （ ）

51. 幼儿盥洗时必须注意安全卫生，要做到“三防”，即防烫伤、防滑倒、防着凉。 （ ）

52. 7～8 个月的婴儿可以让其坐在特制的便椅上大小便。 （ ）

53. 厕所要保持清洁、干燥、无臭味、无污垢。 （ ）

54. 婴幼儿排便的时间应控制在 5～10 min。 （ ）

55. 婴幼儿大小便时，保育员可以离开做其他事情。 （ ）

56. 婴幼儿大小便时，保育员应该从大便的量、形状、颜色、气味等观察大便的正常与否。 （ ）

二、单项选择题（选择一个正确的答案，将相应的字母填入题内的括号中）

1. 婴幼儿不宜吃（ ）。

A. 瓜子 B. 薯条 C. 花生 D. 以上三项都是

2. 婴幼儿时期高级神经活动的抑制过程不够完善，所以表现为（ ）。

A. 好静不好动 B. 容易平静 C. 兴奋强于抑制 D. 注意力集中

3. 婴幼儿尿道短、黏膜薄嫩，受到感染后容易引起（ ）。

A. 膀胱炎 B. 肠炎 C. 阑尾炎 D. 菌痢

4. 婴幼儿尿道短、黏膜薄嫩，为防止受到感染，保育员的预防措施正确的是（ ）。

A. 擦屁股从前往后擦 B. 不要让孩子坐在地上

C. 每晚睡前要清洗外阴 D. 以上三项都是

5. 以下不属于婴幼儿皮肤特点是（ ）。

A. 皮肤保护功能差 B. 皮肤调节体温功能差

C. 皮肤代谢旺盛 D. 皮肤渗透作用强

6. 皮肤的基本作用是（ ）。

A. 保护作用 B. 调节体温作用 C. 代谢作用 D. 以上三项都是

7. 婴幼儿的生理需要主要包括（ ）。

A. 游戏 B. 睡眠 C. 学习 D. 以上三项都是

8. 幼儿园的生活活动必须遵循（　　）的原则。

A. 保教结合　　B. 以保为主　　C. 以教为主　　D. 以养为主

9. 托幼园所一日的生活活动包括（　　）。

A. 睡眠、进餐、排便、饮水、盥洗

B. 睡眠、排便、进餐

C. 睡眠、排便、进餐、饮水、盥洗、着装

D. 吃、玩、睡

10. 婴幼儿在托幼园所的一日生活内容包括（　　）。

A. 饮水、盥洗、穿衣　　B. 睡眠、排便、进餐

C. 来园、晨检、活动、离园　　D. 以上三项都是

11. 幼儿园老师应培养婴幼儿（　　）的良好睡眠习惯。

A. 自己穿脱衣服　　B. 自动入睡

C. 自己叠被子　　D. 自己把鞋子放在固定处

12. 婴幼儿进餐中的保育任务包括（　　）。

A. 保证婴幼儿愉快进餐　　B. 培养进餐能力

C. 培养良好的饮食习惯　　D. 以上三项都是

13. 培养婴幼儿大小便的良好习惯及独立能力是教养工作的一个重要部分。应从小儿（　　）就开始这项训练。

A. 3 岁前　　B. 2 岁前　　C. 4 岁前　　D. 1 岁半

14. 盥洗的重要性在于（　　）。

A. 保持皮肤清洁　　B. 提高皮肤的功能与抵抗力

C. 培养生活自理能力　　D. 以上三项都是

15. 为了提高婴幼儿的睡眠质量，需要为婴幼儿创设一个（　　）的环境。

A. 安静　　B. 舒适　　C. 温馨　　D. 以上三项都是

16. 铺床时一般大席子睡 4～5 名幼儿。安排床位时要（　　）。

A. 头脚交叉　　B. 头脚不交叉，同方向

C. A 和 B 都可以　　D. A 和 B 都不可以

17. 当幼儿尿床后，保育员应该（　　）。

A. 训斥孩子　B. 让孩子接着睡

C. 为孩子换上干净衣裤，并安抚孩子　D. 以上三项都是

18. 当幼儿尿床后，保育员应该（　　）。

A. 不训斥孩子　B. 不辱骂孩子

C. 为孩子换上干净衣裤，并安抚孩子　D. 以上三项都是

19. 当婴幼儿惊哭时，保育员的做法错误的是（　　）。

A. 继续做自己的事情　B. 立即赶到孩子的身边

C. 轻轻拍拍他、抚摸孩子　D. 用轻柔的语言安慰孩子

20. 当婴幼儿惊哭时，保育员的做法正确的是（　　）。

A. 用轻柔的语言安慰孩子　B. 立即赶到孩子的身边

C. 轻轻拍拍他、抚摸孩子　D. 以上三项都是

21. 体弱儿要安排（　　）。

A. 先睡先起　B. 先睡晚起　C. 晚睡晚起　D. 晚睡先起

22. 体弱儿睡眠时，保育员要（　　）。

A. 安排先睡先起　B. 让其睡在最里面

C. 及时盖被子　D. 让其睡在通风处

23. 1 岁以内的婴儿应该按照（　　）的顺序来安排生活。

A. 吃、睡、玩　B. 玩、吃、睡　C. 睡、玩、吃　D. 吃、玩、睡

24. 婴幼儿两餐之间的间隔时间一般为（　　）。

A. 1 h　B. 2 h　C. 3～4 h　D. 4～5 h

25. 幼儿一日三餐营养的量要充足、全面，食物丰富多样，一日安排做到（　　）。

A. 早餐吃饱、午餐吃多、晚餐吃好　B. 早餐吃饱、午餐吃少、晚餐吃好

C. 早餐吃多、午餐吃好、晚餐吃饱　D. 早餐吃饱、午餐吃好、晚餐吃少

26. 进餐前（　　）消毒饭桌，分发饭菜时要做到随分随吃。

A. 10 min　B. 20 min　C. 30 min　D. 40 min

27. 冬天保育员为婴幼儿分置饭菜时应做到（　　）。

A. 饭菜等幼儿　B. 幼儿等饭菜　C. 随分随吃　D. 先分饭后分菜

28. 进餐时要让挑食儿与（　　）坐在一起，让其有个好榜样。

A. 体弱儿　B. 肥胖儿　C. 不挑食儿　D. 以上都不是

29. 体弱儿进餐时要（　　），少盛多添，让他坐在食欲好的小朋友身边，吃完自己的一份就要及时表扬。

A. 安排最后吃　B. 安排先吃　C. 随分随吃　D. 以上都不对

30. 关于体弱儿的进餐以下说法错误的是（　　）。

A. 安排先吃　B. 尽量多盛一些

C. 多鼓励、多表扬　D. 坐在食欲好的小朋友身边

31. 肥胖儿要控制饮食，要让他（　　）。

A. 少吃米饭、面食　B. 少吃蔬菜

C. 少吃粗纤维食物　D. 少吃高脂肪、高热量的食物

32. 餐后打扫时，清洁桌面应该（　　）。

A. 用有效氯消毒液

B. 用温的洗衣粉水擦去油腻，再用清水擦干净

C. 用温的洗洁精水擦去油腻，再用清水擦干净

D. 用过氧乙酸消毒液

33. 进餐结束后保育员应要求幼儿咽下最后一口饭菜离开饭桌，这主要是为了（　　）。

A. 落实卫生措施　B. 培养能力

C. 防止窒息　D. 口腔卫生

34. 幼儿进餐时保育员应鼓励幼儿（　　）。

A. 细嚼慢咽　B. 吃得多，吃得快

C. 吃饭争第一　D. 以上都不是

35. 保育员每天早晨要清洗茶水桶，（　　）定期消毒，要根据婴幼儿的活动量、气候的变化、饮食等情况，准备足量的温度适宜的饮用水。

A. 每天1次　B. 每周1次　C. 每月1次　D. 每季度1次

36. 保育员准备饮用水的依据错误的是（　　）。

A. 婴幼儿的活动量　　B. 气候的变化

C. 饮食　　D. 睡眠

37. 保育员指导幼儿洗手的正确顺序是（　　）。

A. 卷袖、冲水、擦肥皂

B. 擦肥皂、搓、冲

C. 卷袖、冲湿手、擦肥皂、搓洗、冲干净、甩几下、擦毛巾

D. 擦肥皂、冲洗、擦干

38. 保育员指导幼儿洗脸时要注意（　　）。

A. 冬天洗完脸要提醒他们抹点面霜　　B. 有鼻涕的要先用餐巾纸把鼻涕擦掉

C. 嘴巴上有油要先用餐巾纸擦干净　　D. 以上三项都是

39. 保育员给幼儿洗澡时，正确顺序是（　　）。

A. 颈、胸、四肢

B. 颈、背、四肢

C. 颈、胸腹背、四肢

D. 颈、胸腹背、两手臂、两腿、臀部、脚

40. 幼儿洗澡时，保育员应做到（　　）。

A. 洗一个穿一个　　B. 将所有幼儿的衣服脱掉后再洗

C. 将所有幼儿全部洗好后再穿衣服　　D. 以上都正确

41. 做好婴幼儿盥洗中的保育工作，其目的是（　　）。

A. 教幼儿学会洗手

B. 养成幼儿良好的卫生习惯

C. 培养幼儿的生活自理能力

D. 培养幼儿的自理能力，养成良好的卫生习惯

42. 请指出以下正确的关水方法（　　）。

A. 先关热水再关冷水　　B. 先关冷水再关热水

C. 先后无序　　D. 冬天先关冷水，夏天先关热水

43. （　　）以后的幼儿可以培养其控制大小便，主动用语言来表示大小便。

A. 1岁　　B. 2岁　　C. 3岁　　D. 4岁

44. 培养2岁以上的幼儿控制大小便，并会主动用（　　）来表示大小便。

A. 动作　　B. 语言　　C. 哭声　　D. 肢体语言

45. 厕所要保持清洁、干燥、无臭味、无污垢。小便盆1天消毒（　　），大便盆用1次消毒1次，消毒时将便盆浸泡在消毒液中30 min。

A. 2次（午后和离园）　　B. 2次（早晨和离园）

C. 2次（早晨和午后）　　D. 以上都不对

46. 大、小便盆的消毒方法是（　　）。

A. 用消毒液洗刷　　B. 浸没在消毒液中30 min

C. 用洁厕灵清洁　　D. 以上都不对

47. 教婴幼儿学会排便，保育员正确的方法是（　　）。

A. 组织婴幼儿集体排便　　B. 完善厕所设备

C. 指导和培养　　D. 讲故事

48. 对于手纸的使用，大年龄的幼儿要教会他们（　　），小年龄的幼儿要帮助他们使用。

A. 从后往前擦　　B. 从前往后擦　　C. 从上往下擦　　D. 从下往上擦

49. 婴幼儿大小便时，保育员不应该（　　）。

A. 在旁边照顾　　B. 整理玩具、图书

C. 在旁边帮助　　D. 观察大小便

婴幼儿游戏、学习、运动中的保育

一、判断题（将判断结果填入括号中。正确的填"√"，错误的填"×"）

1. 学习活动中的安全工作归纳起来主要是指为幼儿提供一个安全的环境。（　　）

2. 禁止幼儿玩火、玩电，教会幼儿正确使用玩具用品是为了培养幼儿良好的习惯。（　　）

3. 婴幼儿阅读时，卫生要求眼睛与书本保持距离20～25 cm。（　　）

4. 供婴幼儿阅读的书籍每周至少应在太阳下曝晒1～2次。 （　）

5. 幼儿绘画时，为了可以看得更清楚，可以让太阳光直接射到桌面。 （　）

6. 音乐活动中喇叭、口琴等玩具不宜提供给幼儿。 （　）

7. 幼儿美术活动前保育员要协助教师做好环境和材料的准备工作。 （　）

8. 在幼儿学习活动中，保育员要配合教师重点培养孩子学好文化知识。 （　）

9. 幼儿活动的场地应平坦、整洁、宽敞、干燥，最好是泥草地。 （　）

10. 幼儿使用的运动设备及运动器械每月必须检查1次，发现损坏停止使用。 （　）

11. 幼儿运动的目的是增强幼儿的体质，提高幼儿健康水平。 （　）

12. 根据婴幼儿年龄特点，幼儿生理负荷应以中等强度的有氧练习为主。 （　）

13. 在户外活动中，要让幼儿有较多的时间处于有效的锻炼之中，心率保持120～180次/分钟。 （　）

14. 婴幼儿运动时既要面向全体儿童，又要注意个别差异，对体弱多病的、运动能力差的婴幼儿，可以适当降低动作要求，增加其练习量。 （　）

15. 运动前了解婴幼儿的健康状况，目的是为了更好地做好保育工作。 （　）

16. 婴幼儿运动前，保育员要准备好数量充足的玩具。 （　）

17. 在婴幼儿运动过程中，保育员要加强生活护理，包括收拾玩具、归类摆放。 （　）

18. 游戏是婴幼儿最喜欢的活动形式，是婴幼儿的第二生命。 （　）

19. 玩沙、玩水、玩雪是利用自然条件进行的综合性游戏。 （　）

20. 3岁前的幼儿以活动性游戏为主。 （　）

21. 保育员在婴幼儿游戏活动中的主要作用是准备玩具。 （　）

22. 组织幼儿开展体育游戏时，最好分组进行，可以减少幼儿的等待时间。 （　）

23. 游戏活动结束后，保育员要将幼儿搭建好的结构玩具全部拆开，进行收拾整理。 （　）

二、单项选择题（选择一个正确的答案，将相应的字母填入题内的括号中）

1. 在指导幼儿学习生活技能时，保育员应尊重幼儿，说话和蔼可亲，创设“家庭式”的氛围，这是为了创设（　　）。

A. 生理安全环境　　B. 心理安全环境

C. 物质安全环境　　D. 物质环境

2. 幼儿阅读时正确的姿势是（　）。

A. 躺着看书　　B. 斜靠床看书

C. 站立看书　　D. 坐着看书，两手平放在桌

3. 幼儿书写时，注意培养正确的握笔姿势，笔杆和纸应该成（　）角。

A. 60°　　B. 50°　　C. 45°　　D. 30°

4. 为了保护幼儿的眼睛，在幼儿绘画和书写时，光线射入的最佳方向是（　）。

A. 直射　　B. 右侧　　C. 左侧　　D. 背后

5. 幼儿唱歌时要选择音域适合儿童特点的歌曲，唱歌地点空气要新鲜。因此，应选择在（　）。

A. 在户外唱歌　　B. 在烈日下唱歌

C. 在露天体育场唱歌　　D. 在宽敞、明亮的音乐教室唱歌

6. 适合儿童特点的歌曲，一般歌唱的速度都不太快，主要是为了（　）。

A. 使儿童更容易学　　B. 使儿童更容易记

C. 保护儿童声带　　D. 使儿童更容易唱

7. 幼儿音乐活动中所需的物品是（　）。

A. 小铃、小钹、钢琴　　B. 拉力器

C. 木珠　　D. 小汽车

8. 幼儿户外活动前，保育员必须做好的准备工作是（　）。

A. 检查场地及幼儿服装　　B. 安全教育

C. 备好活动器械、茶水、毛巾　　D. 以上三项都是

9. 运动可以培养的个性是（　）。

A. 以我为中心　　B. 活泼、勇敢、团结友爱、遵守纪律

C. 独立　　D. 观察周围世界

10. 婴幼儿户外活动的主要作用在于（　）。

A. 利用自然条件锻炼身体　　B. 观察社会

C. 娱乐　　D. 学本领

11. 幼儿园中班幼儿每次运动的时间应为（　　）。

A. 35 min　　B. 18～25 min　　C. 10～15 min　　D. 45 min

12. 幼儿在户外活动中大量出汗，这是幼儿（　　）的反应。

A. 轻度疲劳　　B. 中度疲劳　　C. 重度疲劳　　D. 好出汗

13. （　　）的睡眠反应状态，表明幼儿运动过量而且重度疲劳。

A. 入睡较慢　　B. 入睡难　　C. 入睡快　　D. 入睡愉快

14. 婴幼儿在运动前，保育员要准备好（　　）。

A. 运动器具和玩具　　B. 干毛巾

C. 茶水和茶杯　　D. 以上三项都是

15. 婴幼儿在运动过程中，保育员要关注婴幼儿的安全，比如（　　）。

A. 提醒不玩危险物品　　B. 提醒不做危险动作

C. 不打闹、不吵架　　D. 以上三项都是

16. 运动结束后保育员要做好收整工作，不包括（　　）。

A. 收拾玩具、归类摆放　　B. 将生活用品放回原处

C. 打扫盥洗室　　D. 提醒和帮助婴幼儿穿上外衣

17. 游戏除了可以促进婴幼儿生长发育，增进其身体健康之外，还具有（　　）的重要作用。

A. 发展语言和智力　　B. 发展美感

C. 形成良好个性　　D. 以上三项都是

18. 教师引导幼儿开展“娃娃家”的游戏，主要目的是（　）。

A. 模仿成人活动　　B. 娱乐

C. 发展动作　　D. 锻炼感官功能

19. 为了发展幼儿的思维能力和想象能力，保育员应该选择玩具时，以（　）为好。

A. 色彩鲜艳的玩具　　B. 一物多玩的玩具

C. 新式玩具　　D. 电动玩具

20. （　　）属于运动玩具。

A. 木偶、头饰　　B. 拖车、套圈　　C. 积木、串珠　　D. 小鼓、小铃

21. （　　）属于小乐器。

A. 头饰、录音机　B. 纸棍、套圈　C. 小鼓、小钹　D. 皮球、沙袋

22. 在婴幼儿游戏中，保育员应做的工作是（　　）。

A. 自制玩具　B. 环境、玩具的准备

C. 参与游戏　D. 以上三项都是

托幼园所设备、物品的保管

一、判断题（将判断结果填入括号中。正确的填“√”，错误的填“×”）

1. 托幼园所设备保管的范围是指园所内的玩具、教具、餐具。（　　）
2. 托幼园所设备物品保管的范围包括教师个人财物。（　　）
3. 班内使用的卫生纸、肥皂、消毒用品是消耗品，不属于本班物品的范围。（　　）
4. 本班物品仅指本班幼儿衣物、本班的固定财产。（　　）
5. 保管幼儿的衣物和本班的设备用具不属于保育员的职责。（　　）
6. 保育员在保管本班财产时要做到不损坏、不丢失。（　　）
7. 保育员保管本班的消耗品时应该做到勤俭节约。（　　）
8. 暂时不用的卧具，不用清洗或日晒，即可储藏，只要使用前再处理就行了。（　　）
9. 幼儿的床上用品，必须按季节及时替换。（　　）
10. 幼儿使用的席子必须每天用专用抹布和温水进行消毒。（　　）
11. 幼儿使用的被褥按常规要求必须做到每月清洗1～2次。（　　）
12. 清洁卫生用具的保管应按班级和用途分开放置。（　　）
13. 清洁卫生用具包括拖把、抹布、肥皂、幼儿毛巾。（　　）
14. 被排泄物、呕吐物污染过的清洁用具应立即按与放行消毒方法进行消毒，即清洗、晾干、备用。（　　）
15. 清洁卫生用具必须按常规要求勤清洗、勤消毒，消毒后必须晾干。（　　）
16. 幼儿的衣物应该让幼儿自己保管。（　　）
17. 衣物要折叠整齐，放固定处，并指导幼儿学会辨认自己的衣物。（　　）

18. 玩具应归类，摆放整齐，保证幼儿易拿易放。（　　）

19. 图书如有破损应及时修补，残破严重或脏污的图书应及时废弃。（　　）

20. 幼儿园的图书不属于玩具，因此不需要消毒。（　　）

21. 教室内的玩具柜要每天擦拭，定期消毒。（　　）

22. 户外活动前，保育员要将小型运动器械分类摆放，按需按量备足。（　　）

23. 大型运动器械要每天擦洗清洁，而无须消毒。（　　）

二、单项选择题（选择一个正确的答案，将相应的字母填入题内的括号中）

1. 托幼园所设备物品保管的范围包括玩具、运动器械、桌椅、卧具、橱柜、盥洗用具、清洁卫生用具、班内电器和（　　）。

A. 幼儿衣物　　B. 保育员个人财物

C. 教师个人财物　　D. 以上都不对

2. 以下物品中，属于班内固定财产的是（　　）。

A. 桌椅　　B. 绘画纸　　C. 清洁剂　　D. 水

3. 保育员必须妥善保管幼儿的衣物和本班的设备用具，这是（　　）的规定。

A.《母婴保健法》　　B.《幼儿园工作规程》

C.《幼儿园管理条例》　　D.《劳动法》

4. 保育员保管本班的物品范围不包括（　　）。

A. 幼儿衣物　　B. 班内固定财产

C. 班内生活品　　D. 户外运动器械

5. 保育员保管本班的固定财产包括（　　）。

A. 桌椅、橱柜　　B. 电器用品

C. 琴　　D. 以上三项都是

6. 放置卧具的储藏室应（　　）。

A. 宽敞、通风　　B. 通风、干燥

C. 清洁、宽敞　　D. 通风、干燥、清洁

7. 婴幼儿集体使用的大席子，它的擦拭、消毒要求是（　　）。

A. 隔天擦拭、消毒　　B. 每天擦拭、消毒

C. 每周擦拭、消毒　　D. 每月擦拭、消毒

8. 清洁卫生用具损坏，应该（　）。

A. 扔掉　　B. 继续使用

C. 及时修补或报废　　D. 马上报废

9. 发生传染病后，清洁卫生用具应（　）。

A. 只清洗，不用消毒　　B. 反复清洗

C. 先消毒、后清洗　　D. 先清洗、后消毒

10.（　）要提醒幼儿不要遗忘自己的物品和衣物。

A. 来园时、离园时　　B. 活动后、离园时

C. 来园时、活动后　　D. 以上都不用

11. 暂时不用的玩具应该放在（　）。

A. 规定的玩具柜中　　B. 班里指定位置

C. 园长室　　D. 储藏室

12. 塑料玩具的消毒方法是（　）。

A. 浸泡在消毒液中，冲洗干净后晾干　　B. 用消毒液抹布擦拭

C. 放在太阳下曝晒　　D. 用蒸汽消毒

13. 小型运动器械配置要注意安全卫生，大型运动器械要牢固、简单、安全，不应该放置在（　）上。

A. 塑胶地　　B. 水泥地　　C. 泥草地　　D. 泥地

保育员专业技能技巧

一、判断题（将判断结果填入括号中。正确的填“√”，错误的填“×”）

1. 生活配乐是婴幼儿午餐、午睡、起床、活动、休息时播放的音乐，能促进孩子养成良好的生活习惯。（　）

2. 音乐活动的作用就是培养幼儿愉快情绪，陶冶情操。（　）

3. 在七个音的上面加点的叫低音。（　）

4. 在键盘乐器上，最相邻两个键之间的距离叫做半音。（　）

5. 音符的后面附着一个小圆点的叫做附点音符，表示增长原有音符时值的一半。（　）

6. 音符右边的横线叫减时线，音符下面的横线叫增时线。（　）

7. “|”表示小节线，“‖”表示终止线。（　）

8. 节拍是强拍与弱拍的均匀交替。（　）

9. “p”是强弱记号，表示强。（　）

10. 手指画、棉签画属于美工活动。（　）

11. 泥工的基本技能是揉泥、搓长条、搓圆、压坑、压扁。（　）

12. 纸工的基本技能是：边对边、角对角，整齐折叠是很重要的。（　）

13. 模仿操是婴幼儿在音乐伴奏下做各种模仿动作，做操时必须排好队形，不能四散做操。（　）

14. 幼儿广播操是幼儿园体操中的一种形式，另外还有器械操和韵律操。（　）

二、单项选择题（选择一个正确的答案，将相应的字母填入题内的括号中）

1. 音乐活动能使幼儿情绪愉快、陶冶情操，以下不属于音乐活动的形式是（　）。

A. 歌表演　B. 律动　C. 看演唱会　D. 配乐

2. （　）为升记号。

A. “b”　B. “♯”　C. “↓”　D. “↑”

3. 在歌曲、乐曲中，表示音乐间歇的符号叫做（　），通常用 0 来表示。

A. 还原符　B. 半音符　C. 全音符号　D. 休止符

4. 常见的节拍强弱规律是用符号来表示的，表示弱拍的是（　）。

A. “●”　B. “○”　C. “△”　D. “□”

5. 连音记号是（　）。

A. “○”　B. “⌒”　C. “●”　D. “△”

6. 换气记号是（　）。

A. “＞”　B. “⌒”　C. “V”　D. “＜”

7. 幼儿会动手折出宝塔、碗、桌子、飞镖等物，这属于（　）美工活动。

A. 泥工　　B. 纸工　　C. 绘画　　D. 综合性

8. 美术活动对幼儿发展有（　　）的作用。

A. 培养动手能力　　B. 发展思维力、想象力、创造力

C. 培养兴趣、陶冶情操　　D. 以上三项都是

9. 幼儿用泥做麻花，主要采用（　　）的方法。

A. 搓长条　　B. 压坑　　C. 压扁　　D. 搓圆

10. 婴幼儿体操有模仿操、花色操、器械操等，其中韵律操适合（　　）的幼儿。

A. 1～2 岁　　B. 2～3 岁　　C. 3～4 岁　　D. 4～6 岁

第4部分 操作技能复习题

美工操作

一、绘画（试题代码①：1.1.1；考核时间：8 min）

1. 试题单

（1）操作条件

铅画纸、铅笔、橡皮、题卡。

（2）操作内容

根据指定题卡绘画（不涂色）。

（3）操作要求

1）图形正确。

2）比例协调。

3）构图合理。

2. 评分表

① 试题代码表示该试题在操作技能考核方案表格中的所属位置。左起第一位表示项目号，第二位表示单元号，第三位表示在该项目、单元下的第几个试题。

试题代码及名称			1.1.1 绘画	考核时间		8 min			
评价要素	配分	等级	评分细则	评定等级					得分
				A	B	C	D	E	
绘画操作要求： （1）图形正确 （2）比例协调 （3）构图合理	10	A	全部正确						
		B	2 点符合要求，1 点有欠缺						
		C	1 点符合要求，2 点有欠缺						
		D	3 点均有欠缺						
		E	未答题						
合计配分	10		合 计 得 分						

等级	A（优）	B（良）	C（及格）	D（较差）	E（差或未答题）
比值	1.0	0.8	0.6	0.2	0

“评价要素”得分＝配分×等级比值。

二、纸工（试题代码：1.1.2；考核时间：8 min）

1. 试题单

（1）操作条件

手工纸、剪刀、铅笔、题卡。

（2）操作内容

根据指定题卡折纸。

（3）操作要求

1）形象正确。

2）折叠整齐。

2. 评分表

试题代码及名称			1.1.2 纸工	考核时间		8 min			
评价要素	配分	等级	评分细则	评定等级					得分
				A	B	C	D	E	
纸工操作要求： （1）形象正确	10	A	全部正确						
		B	1 点符合要求，1 点有欠缺						
		C	—						

续表

试题代码及名称		1.1.2 纸工			考核时间		8 min			
评价要素	配分	等级	评分细则	评定等级					得分
				A	B	C	D	E	
（2）折叠整齐		D	2 点均有欠缺						
		E	未答题						
合计配分	10	合 计 得 分							

等级	A（优）	B（良）	C（及格）	D（较差）	E（差或未答题）
比值	1.0	0.8	0.6	0.2	0

“评价要素”得分＝配分×等级比值。

卫生保健

一、婴幼儿全日观察（试题代码：2.1.2；考核时间：4 min）

1. 试题单

（1）操作条件

1）娃娃。

2）小便标本采集留样盒。

3）大便标本采集留样盒、棒。

4）体温表。

（2）操作内容

1）口述婴幼儿全日观察的内容。

2）能发现两种常见婴幼儿身体异常情况，并简单处理。

（3）操作要求

1）全日观察内容完整。

2）能发现两种婴幼儿身体异常情况，并会简单处理。

2. 评分表

试题代码及名称		2.1.2 婴幼儿全日观察			考核时间			4 min		
评价要素		配分	等级	评分细则	评定等级					得分
					A	B	C	D	E	
1	全日观察内容完整： （1）精神 （2）食欲 （3）睡眠 （4）活动 （5）大小便	7	A	全部正确						
			B	有4点正确						
			C	有3点正确						
			D	有2点正确						
			E	差或未答题						
2	能发现两种婴幼儿身体异常情况，并会简单处理	8	A	全部正确						
			B	能发现两种异常情况，并一种处理正确						
			C	能发现并会处理一种异常情况						
			D	—						
			E	差或未答题						
合计配分		15	合计得分							

等级	A（优）	B（良）	C（及格）	D（较差）	E（差或未答题）
比值	1.0	0.8	0.6	0.2	0

“评价要素”得分＝配分×等级比值。

二、用口表及肛表测量小儿体温（试题代码：2.1.3；考核时间：4 min）

1. 试题单

（1）操作条件

1）口表。

2）肛表。

3）酒精棉球。

4）弯盘。

5）润滑油。

6）镊子。

（2）操作内容

1）分别取出口表、肛表。

2）用口表及肛表测量小儿体温并读数。

（3）操作要求

1）正确区分口表、肛表。

2）测量部位正确。

3）测量时间及读数正确。

2. 评分表

试题代码及名称	2.1.3 用口表及肛表测量小儿体温							考核时间	4 min
评价要素	配分	等级	评分细则	评定等级					得分
				A	B	C	D	E	
测量小儿体温方法： （1）取表正确 （2）时间正确（口表、肛表） （3）部位正确（口表、肛表） （4）读数正确	15	A	全部正确						
		B	有 3 点正确						
		C	有 2 点正确						
		D	有 1 点正确						
		E	差或未答题						
合计配分	15	合计得分							

等级	A（优）	B（良）	C（及格）	D（较差）	E（差或未答题）
比值	1.0	0.8	0.6	0.2	0

“评价要素”得分＝配分×等级比值。

三、测量小儿身高（试题代码：2.1.4；考核时间：4 min）

1. 试题单

（1）操作条件

1）卧式身高测量板。

2）立式身高测量板。

3）穿衣袜鞋娃娃一只（手脚可动、衣裤可脱）。

（2）操作内容

1）选择身高测量板。

2）测量小儿身高并读数。

(3) 操作要求

1) 正确选择身高测量板。

2) 测量操作正确。

3) 读数正确。

2. 评分表

<table>
<tr><td colspan="2">试题代码及名称</td><td colspan="3">2.1.4 测量小儿身高</td><td colspan="3">考核时间</td><td colspan="3">4 min</td></tr>
<tr><td colspan="2" rowspan="2">评价要素</td><td rowspan="2">配分</td><td rowspan="2">等级</td><td rowspan="2">评分细则</td><td colspan="5">评定等级</td><td rowspan="2">得分</td></tr>
<tr><td>A</td><td>B</td><td>C</td><td>D</td><td>E</td></tr>
<tr><td rowspan="5"></td><td rowspan="5">测量小儿身高方法：
(1) 正确选择身高测量板（按年龄）
(2) 测量要求及操作（小儿衣着准备、操作者测量规范）
(3) 读数正确</td><td rowspan="5">15</td><td>A</td><td>全部正确</td><td rowspan="5"></td><td rowspan="5"></td><td rowspan="5"></td><td rowspan="5"></td><td rowspan="5"></td><td rowspan="5"></td></tr>
<tr><td>B</td><td>有 2 点正确，1 点有欠缺</td></tr>
<tr><td>C</td><td>有 1 点正确，2 点有欠缺</td></tr>
<tr><td>D</td><td>3 点均有欠缺</td></tr>
<tr><td>E</td><td>未答题</td></tr>
<tr><td colspan="2">合计配分</td><td>15</td><td colspan="7">合　计　得　分</td><td></td></tr>
</table>

等级	A（优）	B（良）	C（及格）	D（较差）	E（差或未答题）
比值	1.0	0.8	0.6	0.2	0

“评价要素”得分＝配分×等级比值。

四、测量小儿体重（试题代码：2.1.5；考核时间：4 min）

1. 试题单

(1) 操作条件

1) 杠杆式体重秤。

2) 穿衣袜鞋娃娃一只（手脚可动、衣裤可脱）。

(2) 操作内容

用体重秤测量小儿体重并读数。

(3) 操作要求

1) 测量操作正确。

2) 读数正确。

2. 评分表

<table>
<tr><td colspan="2">试题代码及名称</td><td colspan="3">2.1.5 测量小儿体重</td><td colspan="3">考核时间</td><td colspan="3">4 min</td></tr>
<tr><td colspan="2" rowspan="2">评价要素</td><td rowspan="2">配分</td><td rowspan="2">等级</td><td rowspan="2">评分细则</td><td colspan="5">评定等级</td><td rowspan="2">得分</td></tr>
<tr><td>A</td><td>B</td><td>C</td><td>D</td><td>E</td></tr>
<tr><td rowspan="5"></td><td rowspan="5">测量小儿体重方法：
（1）测量要求及操作（秤、环境，小儿）
（2）读数正确</td><td rowspan="5">15</td><td>A</td><td>全部正确</td><td rowspan="5"></td><td rowspan="5"></td><td rowspan="5"></td><td rowspan="5"></td><td rowspan="5"></td><td rowspan="5"></td></tr>
<tr><td>B</td><td>有 1 点正确，1 点有欠缺</td></tr>
<tr><td>C</td><td>2 点均有欠缺</td></tr>
<tr><td>D</td><td>—</td></tr>
<tr><td>E</td><td>未答题</td></tr>
<tr><td colspan="2">合计配分</td><td>15</td><td colspan="3">合 计 得 分</td><td colspan="5"></td></tr>
</table>

等级	A（优）	B（良）	C（及格）	D（较差）	E（差或未答题）
比值	1.0	0.8	0.6	0.2	0

“评价要素”得分＝配分×等级比值。

五、头部挫伤处理（试题代码：2.1.6；考核时间：4 min）

1. 试题单

（1）操作条件

1）毛巾及盆。

2）冷水或冰袋。

3）娃娃。

（2）操作内容

1）物品准备。

2）口述并正确处理头部挫伤皮下血肿。

（3）操作要求

1）物品准备正确。

2）操作方法正确。

2. 评分表

<table>
<tr><td>试题代码及名称</td><td colspan="3">2.1.6 头部挫伤处理</td><td colspan="3">考核时间</td><td colspan="3">4 min</td></tr>
<tr><td rowspan="2">评价要素</td><td rowspan="2">配分</td><td rowspan="2">等级</td><td rowspan="2">评分细则</td><td colspan="5">评定等级</td><td rowspan="2">得分</td></tr>
<tr><td>A</td><td>B</td><td>C</td><td>D</td><td>E</td></tr>
<tr><td rowspan="5">处理要求：
（1）物品准备齐全（毛巾、盆、娃娃、冷水或冰袋）
（2）口述头部挫伤皮下血肿的处理
（3）操作方法正确</td><td rowspan="5">15</td><td>A</td><td>全部正确</td><td rowspan="5"></td><td rowspan="5"></td><td rowspan="5"></td><td rowspan="5"></td><td rowspan="5"></td><td rowspan="5"></td></tr>
<tr><td>B</td><td>有 2 点正确，1 点有欠缺</td></tr>
<tr><td>C</td><td>有 1 点正确，2 点有欠缺</td></tr>
<tr><td>D</td><td>3 点均欠缺</td></tr>
<tr><td>E</td><td>未答题</td></tr>
<tr><td>合计配分</td><td>15</td><td colspan="7">合 计 得 分</td><td></td></tr>
</table>

等级	A（优）	B（良）	C（及格）	D（较差）	E（差或未答题）
比值	1.0	0.8	0.6	0.2	0

“评价要素”得分＝配分×等级比值。

六、小外伤处理（试题代码：2.1.7；考核时间：4 min）

1. 试题单

（1）操作条件

1）娃娃。

2）生理盐水。

3）棉签。

4）红药水。

5）敷料。

6）弯盘。

（2）操作内容

口述、处理皮肤表浅小伤口。

（3）操作要求

1）物品准备正确。

2）操作步骤与方法正确。

2. 评分表

试题代码及名称		2.1.7 小外伤处理							考核时间	4 min
评价要素	配分	等级	评分细则	评定等级					得分	
				A	B	C	D	E		
处理要求： （1）物品准备齐全（娃娃、生理盐水、棉签、红药水、敷料、弯盘） （2）能口述小伤口的处理要点 （3）能正确操作	15	A	全部正确							
		B	有 2 点正确							
		C	有 1 点正确							
		D	—							
		E	未答题							
合计配分	15	合 计 得 分								

等级	A（优）	B（良）	C（及格）	D（较差）	E（差或未答题）
比值	1.0	0.8	0.6	0.2	0

“评价要素”得分＝配分×等级比值。

七、烫伤的预防及处理（试题代码：2.1.8；考核时间：4 min）

1. 试题单

（1）操作条件

1）剪刀（医用）。

2）烫伤药膏。

3）弯盘。

4）镊子。

5）冷水或冰袋。

（2）操作内容

1）口述预防烫伤的措施。

2）烫伤的处理。

（3）操作要求

1）预防烫伤的要点正确。

2）烫伤处理的操作步骤和方法正确。

2. 评分表

试题代码及名称		2.1.8 烫伤的预防及处理			考核时间	4 min				
评价要素		配分	等级	评分细则	评定等级					得分
					A	B	C	D	E	
1	烫伤预防的要点： （1）热源不进班 （2）盥洗时先放冷水后放热水 （3）火炉或暖气周围有防护架	7	A	全部正确						
			B	有 2 点正确						
			C	有 1 点正确						
			D	—						
			E	未答题						
2	烫伤处理的要点： （1）物品准备齐全 （2）轻度烫伤的处理 （3）烫伤起泡的处理 （4）烫伤部位与衣服粘连的处理	8	A	全部正确						
			B	有 3 点正确						
			C	有 2 点正确						
			D	有 1 点正确						
			E	差或未答题						
合计配分		15		合 计 得 分						

等级	A（优）	B（良）	C（及格）	D（较差）	E（差或未答题）
比值	1.0	0.8	0.6	0.2	0

“评价要素”得分=配分×等级比值。

八、骨折的预防及初步处理（试题代码：2.1.9；考核时间：4 min）

1. 试题单

（1）操作条件

1）夹板。

2）绷带。

3）娃娃。

（2）操作内容

1）口述预防骨折的措施。

2）骨折处理。

（3）操作要求

1）骨折的预防要点正确。

2）能初步正确处理骨折。

2. 评分表

试题代码及名称		2.1.9 骨折的预防及初步处理			考核时间		4 min			
评价要素		配分	等级	评分细则	评定等级					得分
					A	B	C	D	E	
1	骨折预防的要点： （1）场地安全 （2）幼儿做危险动作的处理 （3）幼儿户外活动时的组织要点	7	A	全部正确						
			B	有 2 点正确，1 点有欠缺						
			C	有 1 点正确，2 点有欠缺						
			D	—						
			E	差或未答题						
2	初步处理的步骤： （1）不能揉捏或活动 （2）局部用夹板固定并操作 （3）处理完毕送医院	8	A	全部正确						
			B	有 2 点正确						
			C	有 1 点正确						
			D	—						
			E	差或未答题						
合计配分		15	合 计 得 分							

等级	A（优）	B（良）	C（及格）	D（较差）	E（差或未答题）
比值	1.0	0.8	0.6	0.2	0

“评价要素”得分＝配分×等级比值。

九、耳部异物的预防及处理（试题代码：2.1.10；考核时间：4 min）

1. 试题单

（1）操作条件

1）手电筒。

2）娃娃。

（2）操作内容

1）口述预防耳部异物的措施。

2）处理耳部的异物（豆类、金属、小虫）并口述相关内容。

（3）操作要求

1）预防耳部异物的要点正确。

2）耳部异物处理的操作步骤和方法正确。

2. 评分表

试题代码及名称		2.1.10 耳部异物的预防及处理			考核时间		4 min			
评价要素		配分	等级	评分细则	评定等级					得分
					A	B	C	D	E	
1	耳部异物预防措施： （1）教育幼儿不要将豆粒、果核等塞入耳内 （2）加强晨检，不让幼儿带危险物品	7	A	全部正确						
			B	—						
			C	有1点正确						
			D	—						
			E	差或未答题						
2	正确处理的操作要点： （1）一般异物处理 （2）豆类入耳的处理 （3）虫类入耳的处理	8	A	全部正确						
			B	有2点正确，1点有欠缺						
			C	有1点正确，2点有欠缺						
			D	—						
			E	差或未答题						
合计配分		15		合计得分						

等级	A（优）	B（良）	C（及格）	D（较差）	E（差或未答题）
比值	1.0	0.8	0.6	0.2	0

“评价要素”得分＝配分×等级比值。

十、鼻部异物的预防及处理（试题代码：2.1.11；考核时间：4 min）

1. 试题单

（1）操作条件

1）刺激鼻黏膜的材料。

2）娃娃。

（2）操作内容

1）口述预防鼻部异物的措施。

2）处理鼻部异物并口述相关内容。

（3）操作要求

1）预防鼻部异物的要点正确。

2）鼻部异物处理的操作步骤和方法正确。

2. 评分表

试题代码及名称		2.1.11 鼻部异物的预防及处理							考核时间	4 min
评价要素		配分	等级	评分细则	评定等级					得分
					A	B	C	D	E	
1	鼻部异物的预防措施： （1）幼儿教育要点 （2）晨检要求	7	A	全部正确						
			B	—						
			C	有 1 点正确，1 点有欠缺						
			D	有 2 点欠缺						
			E	未答题						
2	处理方法正确： （1）不能用手抠 （2）用手正确压迫鼻孔排出异物 （3）用刺激物排出异物 （4）在无效情况下的处理	8	A	全部正确						
			B	有 3 点正确						
			C	有 2 点正确						
			D	有 1 点正确						
			E	差或未答题						
合计配分		15	合计得分							

等级	A（优）	B（良）	C（及格）	D（较差）	E（差或未答题）
比值	1.0	0.8	0.6	0.2	0

“评价要素”得分＝配分×等级比值。

十一、环境的清洁及消毒（试题代码：2.2.1；考核时间：4 min）

1. 试题单

（1）操作条件

1）抹布。

2）消毒液。

3）盆或桶。

（2）操作内容

模拟进行活动室、盥洗室、卧室、户外场地、走廊的清洁和消毒操作，并口述相关内容。

（3）操作要求

活动室、盥洗室、卧室、户外场地、走廊清洁和消毒操作的要求和内容正确。

2. 评分表

试题代码及名称		2.2.1 环境的清洁及消毒			考核时间		4 min			
评价要素		配分	等级	评分细则	评定等级					得分
					A	B	C	D	E	
1	活动室： （1）门窗、地面，物体表面的清洁及消毒 （2）空气流通	3	A	全部正确						
			B	有1点正确，1点有欠缺						
			C	—						
			D	2点均欠缺						
			E	未答题						
2	盥洗室： （1）扶手、墙面、地面的清洁及消毒 （2）洗手池、便池的清洁及消毒	3	A	全部正确						
			B	有1点正确，1点有欠缺						
			C	—						
			D	2点均欠缺						
			E	未答题						
3	卧室： （1）门窗、地面、物体表面的清洁及消毒 （2）空气流通	3	A	全部正确						
			B	有1点正确，1点有欠缺						
			C	—						
			D	2点均欠缺						
			E	未答题						
4	户外场地： （1）户外场地的清洁 （2）运动设备表面的清洁及消毒	3	A	全部正确						
			B	有1点正确，1点有欠缺						
			C	—						
			D	2点均欠缺						
			E	未答题						

续表

试题代码及名称		2.2.1 环境的清洁及消毒			考核时间		4 min			
评价要素		配分	等级	评分细则	评定等级					得分
					A	B	C	D	E	
5	走廊： （1）通畅无障碍 （2）地面、扶梯卫生要求	3	A	全部正确						
			B	有 1 点正确，1 点有欠缺						
			C	—						
			D	2 点均欠缺						
			E	未答题						
合计配分		15	合 计 得 分							

等级	A（优）	B（良）	C（及格）	D（较差）	E（差或未答题）
比值	1.0	0.8	0.6	0.2	0

“评价要素”得分＝配分×等级比值。

十二、餐具的清洁及消毒（试题代码：2.2.2；考核时间：4 min）

1. 试题单

（1）操作条件

1）餐具 6 套。

2）茶杯 6 只。

3）盛器 1 只。

4）抹布、盆或桶。

5）洗洁精。

6）流动水或模拟流动水。

（2）操作内容

模拟进行幼儿用的饭碗、茶杯的清洁消毒操作，并口述相关内容。

（3）操作要求

正确操作餐具的清洁和消毒。

2. 评分表

<table>
<tr><td colspan="2">试题代码及名称</td><td colspan="3">2.2.2 餐具的清洁及消毒</td><td colspan="3">考核时间</td><td colspan="3">4 min</td></tr>
<tr><td colspan="2" rowspan="2">评价要素</td><td rowspan="2">配分</td><td rowspan="2">等级</td><td rowspan="2">评分细则</td><td colspan="5">评定等级</td><td rowspan="2">得分</td></tr>
<tr><td>A</td><td>B</td><td>C</td><td>D</td><td>E</td></tr>
<tr><td rowspan="5">1</td><td rowspan="5">餐具清洁：
（1）清洁步骤正确
（2）清洁质量合格
（3）摆放符合要求</td><td rowspan="5">7</td><td>A</td><td>全部正确</td><td rowspan="5"></td><td rowspan="5"></td><td rowspan="5"></td><td rowspan="5"></td><td rowspan="5"></td><td rowspan="5"></td></tr>
<tr><td>B</td><td>有 2 点正确，1 点有欠缺</td></tr>
<tr><td>C</td><td>有 1 点正确，2 点有欠缺</td></tr>
<tr><td>D</td><td>3 点均有欠缺</td></tr>
<tr><td>E</td><td>未答题</td></tr>
<tr><td rowspan="5">2</td><td rowspan="5">餐具消毒：
（1）选择合理的消毒方法
（2）消毒程序正确
（3）能正确放置消毒物品</td><td rowspan="5">8</td><td>A</td><td>全部正确</td><td rowspan="5"></td><td rowspan="5"></td><td rowspan="5"></td><td rowspan="5"></td><td rowspan="5"></td><td rowspan="5"></td></tr>
<tr><td>B</td><td>有 2 点正确，1 点有欠缺</td></tr>
<tr><td>C</td><td>有 1 点正确，2 点有欠缺</td></tr>
<tr><td>D</td><td>3 点均有欠缺</td></tr>
<tr><td>E</td><td>未答题</td></tr>
<tr><td colspan="2">合计配分</td><td>15</td><td colspan="7">合　计　得　分</td><td></td></tr>
</table>

等级	A（优）	B（良）	C（及格）	D（较差）	E（差或未答题）
比值	1.0	0.8	0.6	0.2	0

“评价要素”得分＝配分×等级比值。

十三、毛巾的清洁及消毒（试题代码：2.2.3；考核时间：4 min）

1. 试题单

（1）操作条件

1）毛巾 10 块。

2）盛器。

3）洗涤剂。

4）流动水或模拟流动水。

（2）操作内容

模拟操作幼儿用的毛巾的清洁消毒，并口述相关内容。

（3）操作要求

毛巾清洁消毒操作的要求和内容正确。

2. 评分表

<table>
<tr><td colspan="2">试题代码及名称</td><td colspan="3">2.2.3 毛巾的清洁及消毒</td><td colspan="3">考核时间</td><td colspan="3">4 min</td></tr>
<tr><td colspan="2" rowspan="2">评价要素</td><td rowspan="2">配分</td><td rowspan="2">等级</td><td rowspan="2">评分细则</td><td colspan="5">评定等级</td><td rowspan="2">得分</td></tr>
<tr><td>A</td><td>B</td><td>C</td><td>D</td><td>E</td></tr>
<tr><td rowspan="5">1</td><td rowspan="5">毛巾清洁：
（1）清洁步骤正确
（2）清洁质量合格
（3）摆放符合要求</td><td rowspan="5">7</td><td>A</td><td>全部正确</td><td rowspan="5"></td><td rowspan="5"></td><td rowspan="5"></td><td rowspan="5"></td><td rowspan="5"></td><td rowspan="5"></td></tr>
<tr><td>B</td><td>有 2 点正确，1 点有欠缺</td></tr>
<tr><td>C</td><td>有 1 点正确，2 点有欠缺</td></tr>
<tr><td>D</td><td>3 点均有欠缺</td></tr>
<tr><td>E</td><td>未答题</td></tr>
<tr><td rowspan="5">2</td><td rowspan="5">毛巾消毒：
（1）选择合理的消毒方法，并口述不同用途毛巾的消毒要求
（2）消毒程序正确
（3）能正确放置消毒物品</td><td rowspan="5">8</td><td>A</td><td>全部正确</td><td rowspan="5"></td><td rowspan="5"></td><td rowspan="5"></td><td rowspan="5"></td><td rowspan="5"></td><td rowspan="5"></td></tr>
<tr><td>B</td><td>有 2 点正确，1 点有欠缺</td></tr>
<tr><td>C</td><td>有 1 点正确，2 点有欠缺</td></tr>
<tr><td>D</td><td>3 点均有欠缺</td></tr>
<tr><td>E</td><td>未答题</td></tr>
<tr><td colspan="2">合计配分</td><td>15</td><td colspan="7">合 计 得 分</td><td></td></tr>
</table>

等级	A（优）	B（良）	C（及格）	D（较差）	E（差或未答题）
比值	1.0	0.8	0.6	0.2	0

“评价要素”得分＝配分×等级比值。

十四、茶桶的清洁及消毒（试题代码：2.2.4；考核时间：4 min）

1. 试题单

（1）操作条件

1）茶桶。

2）抹布。

3）消毒液。

4）流动水或模拟流动水。

5）开水。

（2）操作内容

模拟操作茶桶的清洁与消毒，并口述相关内容。

(3) 操作要求

茶桶清洁消毒操作的要求和内容正确。

2. 评分表

<table>
<tr><td colspan="2">试题代码及名称</td><td colspan="3">2.2.4 茶桶的清洁及消毒</td><td colspan="3">考核时间</td><td colspan="3">4 min</td></tr>
<tr><td colspan="2" rowspan="2">评价要素</td><td rowspan="2">配分</td><td rowspan="2">等级</td><td rowspan="2">评分细则</td><td colspan="5">评定等级</td><td rowspan="2">得分</td></tr>
<tr><td>A</td><td>B</td><td>C</td><td>D</td><td>E</td></tr>
<tr><td rowspan="5">1</td><td rowspan="5">茶桶清洁：
(1) 隔夜水的处理
(2) 茶桶清洁的顺序正确
(3) 茶桶流动水清洁后的处理</td><td rowspan="5">7</td><td>A</td><td>全部正确</td><td rowspan="5"></td><td rowspan="5"></td><td rowspan="5"></td><td rowspan="5"></td><td rowspan="5"></td><td rowspan="5"></td></tr>
<tr><td>B</td><td>有2点正确，1点有欠缺</td></tr>
<tr><td>C</td><td>有1点正确，2点有欠缺</td></tr>
<tr><td>D</td><td>3点均有欠缺</td></tr>
<tr><td>E</td><td>未答题</td></tr>
<tr><td rowspan="5">2</td><td rowspan="5">茶桶消毒：
(1) 茶桶消毒方法正确
(2) 茶桶消毒液消毒后的处理</td><td rowspan="5">8</td><td>A</td><td>全部正确</td><td rowspan="5"></td><td rowspan="5"></td><td rowspan="5"></td><td rowspan="5"></td><td rowspan="5"></td><td rowspan="5"></td></tr>
<tr><td>B</td><td>有1点正确，1点有欠缺</td></tr>
<tr><td>C</td><td>2点均有欠缺</td></tr>
<tr><td>D</td><td>—</td></tr>
<tr><td>E</td><td>未答题</td></tr>
<tr><td colspan="2">合计配分</td><td>15</td><td colspan="7">合 计 得 分</td><td></td></tr>
</table>

等级	A（优）	B（良）	C（及格）	D（较差）	E（差或未答题）
比值	1.0	0.8	0.6	0.2	0

“评价要素”得分=配分×等级比值。

十五、玩具的清洁及消毒（试题代码：2.2.5；考核时间：4 min）

1. 试题单

(1) 操作条件

木质、纸质、塑料玩具若干。

(2) 操作内容

模拟操作幼儿用的木质玩具、塑料玩具及图书的清洁与消毒，并口述相关内容。

(3) 操作要求

塑料玩具、木质玩具、.图书清洁消毒操作的要求和内容正确。

2. 评分表

试题代码及名称	2.2.5 玩具的清洁及消毒			考核时间	4 min				
评价要素	配分	等级	评分细则	评定等级					得分
				A	B	C	D	E	
清洁及消毒要求： （1）正确清洁、消毒塑料玩具 （2）正确清洁、消毒木质玩具 （3）正确清洁、消毒图书 （4）知道玩具一般情况与特殊情况下的消毒要求	15	A	全部正确						
		B	有 3 点正确，1 点有欠缺						
		C	有 2 点正确，2 点有欠缺						
		D	有 1 点正确，3 点有欠缺						
		E	差或未答题						
合计配分	15	合 计 得 分							

等级	A（优）	B（良）	C（及格）	D（较差）	E（差或未答题）
比值	1.0	0.8	0.6	0.2	0

“评价要素”得分＝配分×等级比值。

十六、席子的清洁及消毒（试题代码：2.2.6；考核时间：4 min）

1. 试题单

（1）操作条件

1）席子。

2）抹布。

3）消毒液。

4）盆或桶。

5）擦席用水。

（2）操作内容

模拟操作幼儿用的席子的清洁与消毒，并口述相关内容。

（3）操作要求

席子清洁消毒操作的要求和内容正确。

2. 评分表

试题代码及名称		2.2.6 席子的清洁及消毒			考核时间		4 min			
评价要素		配分	等级	评分细则	评定等级					得分
					A	B	C	D	E	
1	席子清洁： （1）能正确清洁席子 （2）能正确收藏席子	7	A	全部正确						
			B	—						
			C	有 1 点正确，1 点有欠缺						
			D	2 点均有欠缺						
			E	未答题						
2	席子消毒： （1）能正确消毒席子，定期用消毒液擦，擦后晾干 （2）知道一般及特殊情况下的消毒要求	8	A	全部正确						
			B	—						
			C	有 1 点正确，1 点有欠缺						
			D	2 点均有欠缺						
			E	未答题						
合计配分		15	合计得分							

等级	A（优）	B（良）	C（及格）	D（较差）	E（差或未答题）
比值	1.0	0.8	0.6	0.2	0

“评价要素”得分＝配分×等级比值。

十七、桌椅的清洁及消毒（试题代码：2.2.7；考核时间：4 min）

1. 试题单

（1）操作条件

1）小餐桌 1 张。

2）椅子 4 把。

3）抹布 2 块。

4）盆或桶。

5）消毒液。

6）水和洗洁精。

（2）操作内容

模拟操作幼儿餐桌、椅子的清洁与消毒，并口述相关内容。

（3）操作要求

1）桌子、椅子清洁消毒操作的要求和内容正确。

2）正确进行桌子、椅子的消毒。

2. 评分表

试题代码及名称		2.2.7 桌椅的清洁及消毒			考核时间		4 min			
评价要素		配分	等级	评分细则	评定等级					得分
					A	B	C	D	E	
1	桌子： （1）正确进行餐前的清洁与消毒 （2）正确进行餐后的清洁 （3）擦桌子方法正确	7	A	全部正确						
			B	有 2 点正确，1 点有欠缺						
			C	有 1 点正确，2 点有欠缺						
			D	3 点均有欠缺						
			E	未答题						
2	椅子： （1）进行一般情况下的清洁与消毒 （2）特殊情况下的清洁消毒要求	8	A	全部正确						
			B	—						
			C	有 1 点正确，1 点有欠缺						
			D	2 点均有欠缺						
			E	未答题						
合计配分		15	合 计 得 分							

等级	A（优）	B（良）	C（及格）	D（较差）	E（差或未答题）
比值	1.0	0.8	0.6	0.2	0

“评价要素”得分＝配分×等级比值。

十八、配制含氯消毒液、过氧乙酸（试题代码：2.2.9；考核时间：4 min）

1. 试题单

（1）操作条件

1）过氧乙酸消毒液原液（代用品）、含氯消毒药（代用品）。

2）清水、盛水器。

3）500 mL，250 mL，100 mL 量杯各一。

4）10 mL，5 mL，2 mL 针筒若干。

5）有盖的塑料桶。

6）测试纸。

（2）操作内容

1）计算、配制 500 mg/L 或 250 mg/L 有效氯消毒液 100 mL。

2）计算、配制 0.5%过氧乙酸消毒液 100 mL。

（3）操作要求

1）正确计算用消毒液原液及水的量。

2）操作顺序正确。

2. 评分表

试题代码及名称		2.2.9 配制含氯消毒液、过氧乙酸			考核时间		4 min			
评价要素		配分	等级	评分细则	评定等级					得分
					A	B	C	D	E	
1	配 500 mg /L 或 250 mg/L 有效氯消毒液 100 mL：（1）正确计算用消毒药及水的量（2）操作顺序正确	7	A	全部正确						
			B	计算正确，操作欠缺						
			C	—						
			D	2 点均有欠缺						
			E	未答题						
2	配 0.5% 过氧乙酸 100 mL：（1）正确计算用消毒原液及水的量（2）操作顺序正确	8	A	全部正确						
			B	计算正确，操作欠缺						
			C	—						
			D	2 点均有欠缺						
			E	未答题						
合计配分		15	合计得分							

等级	A（优）	B（良）	C（及格）	D（较差）	E（差或未答题）
比值	1.0	0.8	0.6	0.2	0

“评价要素”得分＝配分×等级比值。

十九、上感的主要症状识别及预防要点（试题代码：2.2.10；考核时间：4 min）

1. 试题单

（1）操作条件

上感主要症状的卡片一套（若干张症状小卡片）。

（2）操作内容

1）找出上感主要症状的卡片。

2）口述上感的预防措施。

（3）操作要求

1）上感主要症状的识别正确。

2）叙述上感的预防要点正确。

2. 评分表

<table>
<tr><td colspan="2">试题代码及名称</td><td colspan="3">2.2.10 上感的主要症状识别及预防要点</td><td colspan="3">考核时间</td><td colspan="3">4 min</td></tr>
<tr><td colspan="2" rowspan="2">评价要素</td><td rowspan="2">配分</td><td rowspan="2">等级</td><td rowspan="2">评分细则</td><td colspan="5">评定等级</td><td rowspan="2">得分</td></tr>
<tr><td>A</td><td>B</td><td>C</td><td>D</td><td>E</td></tr>
<tr><td rowspan="5">1</td><td rowspan="5">上感的主要症状：
（1）鼻塞、流涕、咳嗽
（2）咽痛
（3）发热或不发热</td><td rowspan="5">7</td><td>A</td><td>全部正确</td><td rowspan="5"></td><td rowspan="5"></td><td rowspan="5"></td><td rowspan="5"></td><td rowspan="5"></td><td rowspan="5"></td></tr>
<tr><td>B</td><td>有 2 点正确，1 点有欠缺</td></tr>
<tr><td>C</td><td>有 1 点正确，2 点有欠缺</td></tr>
<tr><td>D</td><td>3 点均有欠缺</td></tr>
<tr><td>E</td><td>未答题</td></tr>
<tr><td rowspan="5">2</td><td rowspan="5">上感的预防要点：
（1）体锻方面
（2）营养与疾病方面
（3）保育工作要求
（4）室内空气要求</td><td rowspan="5">8</td><td>A</td><td>全部正确</td><td rowspan="5"></td><td rowspan="5"></td><td rowspan="5"></td><td rowspan="5"></td><td rowspan="5"></td><td rowspan="5"></td></tr>
<tr><td>B</td><td>有 3 点正确，1 点有欠缺</td></tr>
<tr><td>C</td><td>有 2 点正确，2 点有欠缺</td></tr>
<tr><td>D</td><td>有 1 点正确，3 点有欠缺</td></tr>
<tr><td>E</td><td>差或未答题</td></tr>
<tr><td colspan="2">合计配分</td><td>15</td><td colspan="7">合 计 得 分</td><td></td></tr>
</table>

等级	A（优）	B（良）	C（及格）	D（较差）	E（差或未答题）
比值	1.0	0.8	0.6	0.2	0

“评价要素”得分＝配分×等级比值。

二十、水痘的主要症状识别及预防要点（试题代码：2.2.11；考核时间：4 min）

1. 试题单

（1）操作条件

水痘主要症状的卡片一套（若干张症状小卡片）。

（2）操作内容

1）找出水痘主要症状的卡片。

2）口述水痘的预防措施。

（3）操作要求

1）水痘主要症状的识别正确。

2）叙述水痘的预防要点正确。

2. 评分表

<table>
<tr><td colspan="2">试题代码及名称</td><td colspan="3">2.2.11 水痘的主要症状识别及预防要点</td><td colspan="3">考核时间</td><td colspan="3">4 min</td></tr>
<tr><td colspan="2" rowspan="2">评价要素</td><td rowspan="2">配分</td><td rowspan="2">等级</td><td rowspan="2">评分细则</td><td colspan="5">评定等级</td><td rowspan="2">得分</td></tr>
<tr><td>A</td><td>B</td><td>C</td><td>D</td><td>E</td></tr>
<tr><td rowspan="5">1</td><td rowspan="5">水痘的主要症状：
（1）皮肤出现红斑
（2）丘疹、疱疹、结痂
（3）皮疹呈向心性分布
（4）发热</td><td rowspan="5">7</td><td>A</td><td>全部正确</td><td rowspan="5"></td><td rowspan="5"></td><td rowspan="5"></td><td rowspan="5"></td><td rowspan="5"></td><td rowspan="5"></td></tr>
<tr><td>B</td><td>有3点正确，1点有欠缺</td></tr>
<tr><td>C</td><td>有2点正确，2点有欠缺</td></tr>
<tr><td>D</td><td>有1点正确，3点有欠缺</td></tr>
<tr><td>E</td><td>差或未答题</td></tr>
<tr><td rowspan="5">2</td><td rowspan="5">水痘的预防要点：
（1）消灭传染源要点
（2）切断传播途径要点
（3）保护易感儿要点
（4）室内空气要求</td><td rowspan="5">8</td><td>A</td><td>全部正确</td><td rowspan="5"></td><td rowspan="5"></td><td rowspan="5"></td><td rowspan="5"></td><td rowspan="5"></td><td rowspan="5"></td></tr>
<tr><td>B</td><td>有3点正确，1点有欠缺</td></tr>
<tr><td>C</td><td>有2点正确，2点有欠缺</td></tr>
<tr><td>D</td><td>有1点正确，3点有欠缺</td></tr>
<tr><td>E</td><td>差或未答题</td></tr>
<tr><td colspan="2">合计配分</td><td>15</td><td colspan="7">合 计 得 分</td><td></td></tr>
</table>

等级	A（优）	B（良）	C（及格）	D（较差）	E（差或未答题）
比值	1.0	0.8	0.6	0.2	0

"评价要素"得分＝配分×等级比值。

二十一、腮腺炎的主要症状识别及预防要点（试题代码：2.2.12；考核时间：4 min）

1. 试题单

(1) 操作条件

腮腺炎主要症状的卡片一套（若干张症状小卡片）。

(2) 操作内容

1) 找出腮腺炎主要症状的卡片。

2) 口述腮腺炎的预防措施。

(3) 操作要求

1) 腮腺炎主要症状的识别正确。

2) 叙述腮腺炎的预防要点正确。

2. 评分表

试题代码及名称		2.2.12 腮腺炎的主要症状识别及预防要点			考核时间		4 min			
评价要素		配分	等级	评分细则	评定等级					得分
					A	B	C	D	E	
1	腮腺炎的主要症状： (1) 以耳垂为中心的腮腺肿胀 (2) 张口困难，咀嚼时耳下疼痛 (3) 发热	8	A	全部正确						
			B	有 2 点正确，1 点有欠缺						
			C	有 1 点正确，2 点有欠缺						
			D	3 点均有欠缺						
			E	未答题						
2	腮腺炎的预防要点： (1) 消灭传染源要点 (2) 切断传播途径要点 (3) 保护易感儿要点 (4) 室内空气要求	7	A	全部正确						
			B	有 3 点正确，1 点有欠缺						
			C	有 2 点正确，2 点有欠缺						
			D	有 1 点正确，3 点有欠缺						
			E	差或未答题						
合计配分		15	合 计 得 分							

等级	A（优）	B（良）	C（及格）	D（较差）	E（差或未答题）
比值	1.0	0.8	0.6	0.2	0

“评价要素”得分＝配分×等级比值。

二十二、菌痢的主要症状识别及预防要点（试题代码：2.2.13；考核时间：4 min）

1. 试题单

（1）操作条件

菌痢主要症状的卡片一套（若干张症状小卡片）。

（2）操作内容

1）找出菌痢主要症状的卡片。

2）口述菌痢的预防措施。

（3）操作要求

1）菌痢主要症状的识别正确。

2）叙述菌痢的预防要点正确。

2. 评分表

试题代码及名称		2.2.13 菌痢的主要症状识别及预防要点			考核时间		4 min			
评价要素		配分	等级	评分细则	评定等级					得分
					A	B	C	D	E	
1	菌痢的主要症状： （1）腹泻，大便以脓血黏冻为主 （2）腹部不适，排便里急后重 （3）发热	7	A	全部正确						
			B	有2点正确，1点有欠缺						
			C	有1点正确，2点有欠缺						
			D	3点均有欠缺						
			E	未答题						
2	菌痢的预防要点： （1）消灭传染源要点 （2）切断传播途径要点 （3）保护易感儿要点 （4）饮食卫生要点	8	A	全部正确						
			B	有3点正确，1点有欠缺						
			C	有2点正确，2点有欠缺						
			D	有1点正确，3点有欠缺						
			E	差或未答题						
合计配分		15	合计得分							

等级	A（优）	B（良）	C（及格）	D（较差）	E（差或未答题）
比值	1.0	0.8	0.6	0.2	0

“评价要素”得分＝配分×等级比值。

二十三、甲肝的主要症状识别及预防要点（试题代码：2.2.14；考核时间：4 min）

1. 试题单

（1）操作条件

甲肝主要症状的卡片一套（若干张症状小卡片）。

（2）操作内容

1）找出甲肝主要症状的卡片。

2）口述甲肝的预防措施。

（3）操作要求

1）甲肝主要症状的识别正确。

2）叙述甲肝的预防要点正确。

2. 评分表

试题代码及名称		2.2.14 甲肝的主要症状识别及预防要点			考核时间		4 min			
评价要素		配分	等级	评分细则	评定等级					得分
					A	B	C	D	E	
1	甲肝的主要症状： （1）食欲显著减退，厌食油腻，全身无力 （2）皮肤、黏膜出现黄染、尿色深似红茶 （3）右上腹疼痛，肝脏肿大	7	A	全部正确						
			B	有 2 点正确，1 点有欠缺						
			C	有 1 点正确，2 点有欠缺						
			D	3 点均有欠缺						
			E	未答题						
2	甲肝的预防要点： （1）消灭传染源要点 （2）切断传播途径要点 （3）保护易感儿要点 （4）饮食卫生要求	8	A	全部正确						
			B	有 3 点正确，1 点有欠缺						
			C	有 2 点正确，2 点有欠缺						
			D	有 1 点正确，3 点有欠缺						
			E	差或未答题						
合计配分		15	合 计 得 分							

等级	A（优）	B（良）	C（及格）	D（较差）	E（差或未答题）
比值	1.0	0.8	0.6	0.2	0

“评价要素”得分＝配分×等级比值。

生活保育

一、进餐操作（试题代码：3.1.1；考核时间：4 min）

1. 试题单

（1）操作条件

饭桌、椅子、水、消毒液、抹布、洗洁精、勺、碗、盆、筷、小方盘、点心模型、点心夹子、菜、饭模型（碎菜）、录音机。

（2）操作内容

1）布置进餐环境，并口述相关内容。

2）清洁、消毒餐桌，并口述相关内容。

3）分发餐具、饭菜，并口述相关内容。

4）餐后打扫，并口述相关内容。

（3）操作要求

1）进餐环境布置正确。

2）餐桌的清洁消毒方法正确。

3）餐具、饭菜的分发方法正确。

4）餐后打扫方法正确。

2. 评分表

试题代码及名称		3.1.1 进餐操作			考核时间		4 min			
评价要素		配分	等级	评分细则	评定等级					得分
					A	B	C	D	E	
1	进餐环境： （1）整洁舒适 （2）播放音乐	4	A	全部正确						
			B	—						
			C	有1点正确，1点有欠缺						
			D	2点均有欠缺						
			E	未答题						

续表

试题代码及名称		3.1.1 进餐操作			考核时间			4 min		
评价要素		配分	等级	评分细则	评定等级					得分
					A	B	C	D	E	
2	餐前饭桌清洁消毒： （1）餐前的清洁要点 （2）餐前的消毒要点 （3）擦桌子方法正确	7	A	全部正确						
			B	有2点正确，1点有欠缺						
			C	有1点正确，2点有欠缺						
			D	3点均有欠缺						
			E	未答题						
3	分发餐具饭菜： （1）分发饭菜的准备要点（手、饭菜、餐具） （2）分发饭菜的要点	7	A	全部正确						
			B	—						
			C	有1点正确，1点有欠缺						
			D	2点均有欠缺						
			E	未答题						
4	餐后工作： （1）口述打扫要点 （2）桌面清洁方法正确 （3）地面打扫方法正确	7	A	全部正确						
			B	有2点正确，1点有欠缺						
			C	有1点正确，2点有欠缺						
			D	3点均有欠缺						
			E	未答题						
合计配分		25		合计得分						

等级	A（优）	B（良）	C（及格）	D（较差）	E（差或未答题）
比值	1.0	0.8	0.6	0.2	0

“评价要素”得分＝配分×等级比值。

二、进餐中不同情况幼儿的保育操作（试题代码：3.1.2；考核时间：4 min）

1. 试题单

（1）操作条件

幼儿进餐模拟环境。

（2）操作内容

口述对挑食儿、体弱儿、肥胖儿各采用的保育措施。

（3）操作要求

1）正确叙述对挑食幼儿的两点保育措施。

2）正确叙述对体弱幼儿的两点保育措施。

3）正确叙述对肥胖幼儿的两点保育措施。

2. 评分表

<table>
<tr><td colspan="2">试题代码及名称</td><td colspan="3">3.1.2 进餐中不同情况幼儿的保育操作</td><td colspan="3">考核时间</td><td colspan="3">4 min</td></tr>
<tr><td colspan="2" rowspan="2">评价要素</td><td rowspan="2">配分</td><td rowspan="2">等级</td><td rowspan="2">评分细则</td><td colspan="5">评定等级</td><td rowspan="2">得分</td></tr>
<tr><td>A</td><td>B</td><td>C</td><td>D</td><td>E</td></tr>
<tr><td rowspan="5">1</td><td rowspan="5">对挑食的幼儿：
（1）逐步适应要点
（2）鼓励方法正确，采取措施合理</td><td rowspan="5">8</td><td>A</td><td>全部正确</td><td rowspan="5"></td><td rowspan="5"></td><td rowspan="5"></td><td rowspan="5"></td><td rowspan="5"></td><td rowspan="5"></td></tr>
<tr><td>B</td><td>—</td></tr>
<tr><td>C</td><td>有 1 点正确，1 点有欠缺</td></tr>
<tr><td>D</td><td>2 点均有欠缺</td></tr>
<tr><td>E</td><td>未答题</td></tr>
<tr><td rowspan="5">2</td><td rowspan="5">对体弱的幼儿：
（1）促进食欲要点
（2）胃口小、进餐慢的幼儿的保育措施</td><td rowspan="5">9</td><td>A</td><td>全部正确</td><td rowspan="5"></td><td rowspan="5"></td><td rowspan="5"></td><td rowspan="5"></td><td rowspan="5"></td><td rowspan="5"></td></tr>
<tr><td>B</td><td>—</td></tr>
<tr><td>C</td><td>有 1 点正确，1 点有欠缺</td></tr>
<tr><td>D</td><td>2 点均有欠缺</td></tr>
<tr><td>E</td><td>未答题</td></tr>
<tr><td rowspan="5">3</td><td rowspan="5">对肥胖的幼儿：
（1）饮食行为的干预措施
（2）进餐的保育要点</td><td rowspan="5">8</td><td>A</td><td>全部正确</td><td rowspan="5"></td><td rowspan="5"></td><td rowspan="5"></td><td rowspan="5"></td><td rowspan="5"></td><td rowspan="5"></td></tr>
<tr><td>B</td><td>—</td></tr>
<tr><td>C</td><td>有 1 点正确，1 点有欠缺</td></tr>
<tr><td>D</td><td>2 点均有欠缺</td></tr>
<tr><td>E</td><td>未答题</td></tr>
<tr><td colspan="2">合计配分</td><td>25</td><td colspan="7">合 计 得 分</td><td></td></tr>
</table>

等级	A（优）	B（良）	C（及格）	D（较差）	E（差或未答题）
比值	1.0	0.8	0.6	0.2	0

“评价要素”得分＝配分×等级比值。

三、饮水的准备及照顾幼儿饮水操作（试题代码：3.1.3；考核时间：4 min）

1. 试题单

（1）操作条件

1）茶水桶。

2）洗茶桶毛巾。

3）消毒液。

4）流动水或模拟流动水。

5）开水。

（2）操作内容

1）模拟进行茶桶清洗消毒操作，并口述相关内容。

2）口述照顾幼儿饮水的要求和内容。

（3）操作要求

1）茶水桶清洗消毒的方法正确。

2）照顾幼儿饮水的要求和内容正确。

2. 评分表

试题代码及名称		3.1.3 饮水的准备及照顾幼儿饮水操作		考核时间		4 min			
评价要素	配分	等级	评分细则	评定等级					得分
				A	B	C	D	E	
操作要求： （1）茶桶清洁的顺序正确 （2）茶桶消毒的方法正确 （3）备足水量的依据 （4）不同年龄班婴幼儿饮水的保育及习惯培养要点	25	A	全部正确						
		B	有3点正确，1点有欠缺						
		C	有2点正确，2点有欠缺						
		D	有1点正确，3点有欠缺						
		E	差或未答题						
合计配分	25	合计得分							

等级	A（优）	B（良）	C（及格）	D（较差）	E（差或未答题）
比值	1.0	0.8	0.6	0.2	0

“评价要素”得分＝配分×等级比值。

四、洗手的保育操作（试题代码：3.1.4；考核时间：4 min）

1. 试题单

（1）操作条件

拖把、肥皂（洗手液）、毛巾、护肤品（涂手）、流动水。

（2）操作内容

1）模拟进行盥洗室准备操作，并口述相关内容。

2）盥洗物品准备，并口述相关内容。

3）指导幼儿洗手，并口述相关内容。

（3）操作要求

1）盥洗室防滑措施正确。

2）洗手的准备工作到位。

3）指导幼儿用正确方法洗手。

2. 评分表

试题代码及名称		3.1.4 洗手的保育操作			考核时间		4 min			
评价要素		配分	等级	评分细则	评定等级					得分
					A	B	C	D	E	
1	盥洗室防滑措施正确	5	A	全部正确						
			B	—						
			C	—						
			D	操作有欠缺						
			E	未答题						
2	准备物品： （1）流动水 （2）肥皂 （3）毛巾 （4）冬天备温水	10	A	全部正确						
			B	有 3 点正确						
			C	有 2 点正确						
			D	有 1 点正确						
			E	差或未答题						
3	指导幼儿用正确方法洗手： （1）卷衣袖 （2）湿手擦肥皂	10	A	全部正确						
			B	有 3 点正确						
			C	有 2 点正确						

续表

试题代码及名称		3.1.4 洗手的保育操作			考核时间		4 min			
评价要素		配分	等级	评分细则	评定等级					得分
					A	B	C	D	E	
3	（3）手心手背手指缝搓洗干净 （4）冲净双手甩干，用毛巾擦干		D	有1点正确						
			E	差或未答题						
合计配分		25	合 计 得 分							

等级	A（优）	B（良）	C（及格）	D（较差）	E（差或未答题）
比值	1.0	0.8	0.6	0.2	0

“评价要素”得分＝配分×等级比值。

五、洗脸的保育操作（试题代码：3.1.5；考核时间：4 min）

1. 试题单

（1）操作条件

毛巾、护肤品（涂脸）、餐巾纸、盆。

（2）操作内容

1）洗脸物品准备，并口述相关内容。

2）指导幼儿洗脸，并口述相关内容。

（3）操作要求

1）洗脸的物品准备正确。

2）指导幼儿用正确方法洗脸。

2. 评分表

试题代码及名称		3.1.5 洗脸的保育操作			考核时间		4 min			
评价要素		配分	等级	评分细则	评定等级					得分
					A	B	C	D	E	
1	物品准备： （1）毛巾		A	全部正确						
			B	—						

续表

试题代码及名称		3.1.5 洗脸的保育操作			考核时间	4 min				
评价要素		配分	等级	评分细则	评定等级					得分
					A	B	C	D	E	
1	(2) 护肤用品 (3) 注意事项	10	C	有 2 点正确						
			D	有 1 点正确						
			E	差或未答题						
2	幼儿有鼻涕的处理	5	A	正确						
			B	—						
			C	—						
			D	—						
			E	差或未答题						
3	指导幼儿用正确方法洗脸： (1) 洗脸顺序正确 (2) 毛巾使用方法正确 (3) 护肤品的使用	10	A	全部正确						
			B	有 2 点正确，1 点有欠缺						
			C	有 1 点正确，2 点有欠缺						
			D	3 点均有欠缺						
			E	未答题						
合计配分		25		合　计　得　分						

等级	A（优）	B（良）	C（及格）	D（较差）	E（差或未答题）
比值	1.0	0.8	0.6	0.2	0

"评价要素"得分＝配分×等级比值。

六、洗澡的保育操作（试题代码：3.1.6；考核时间：4 min）

1. 试题单

(1) 操作条件

1）冷、热水龙头（可用玩具代）。

2）娃娃。

3）大、小毛巾。

4）沐浴露。

5）防滑垫。

6）替换衣服。

（2）操作内容

1）浴室物品准备，并口述相关内容。

2）浴室安全操作，并口述相关内容。

3）幼儿沐浴操作，并口述相关内容。

（3）操作要求

1）浴室地面防滑措施正确。

2）洗澡物品准备工作正确。

3）洗澡用水操作正确。

4）洗澡顺序操作正确。

2. 评分表

<table>
<tr><td colspan="2">试题代码及名称</td><td colspan="3">3.1.6 洗澡的保育操作</td><td colspan="3">考核时间</td><td colspan="3">4 min</td></tr>
<tr><td colspan="2" rowspan="2">评价要素</td><td rowspan="2">配分</td><td rowspan="2">等级</td><td rowspan="2">评分细则</td><td colspan="5">评定等级</td><td rowspan="2">得分</td></tr>
<tr><td>A</td><td>B</td><td>C</td><td>D</td><td>E</td></tr>
<tr><td rowspan="5">1</td><td rowspan="5">物品准备：
（1）防滑垫
（2）毛巾
（3）沐浴露（肥皂）
（4）幼儿替换衣裤
（5）水</td><td rowspan="5">8</td><td>A</td><td>全部正确</td><td rowspan="5"></td><td rowspan="5"></td><td rowspan="5"></td><td rowspan="5"></td><td rowspan="5"></td><td rowspan="5"></td></tr>
<tr><td>B</td><td>有 4 点正确，1 点有欠缺</td></tr>
<tr><td>C</td><td>有 3 点正确，2 点有欠缺</td></tr>
<tr><td>D</td><td>有 2 点正确，3 点有欠缺</td></tr>
<tr><td>E</td><td>差或未答题</td></tr>
<tr><td rowspan="5">2</td><td rowspan="5">安全工作：
（1）水温调节要求
（2）地面安全要求
（3）操作安全要点</td><td rowspan="5">8</td><td>A</td><td>全部正确</td><td rowspan="5"></td><td rowspan="5"></td><td rowspan="5"></td><td rowspan="5"></td><td rowspan="5"></td><td rowspan="5"></td></tr>
<tr><td>B</td><td>有 2 点正确，1 点有欠缺</td></tr>
<tr><td>C</td><td>有 1 点正确，2 点有欠缺</td></tr>
<tr><td>D</td><td>3 点均有欠缺</td></tr>
<tr><td>E</td><td>未答题</td></tr>
<tr><td rowspan="5">3</td><td rowspan="5">洗澡顺序：
（1）洗澡顺序正确洗颈部
（2）注意要点</td><td rowspan="5">9</td><td>A</td><td>全部正确</td><td rowspan="5"></td><td rowspan="5"></td><td rowspan="5"></td><td rowspan="5"></td><td rowspan="5"></td><td rowspan="5"></td></tr>
<tr><td>B</td><td>—</td></tr>
<tr><td>C</td><td>有 1 点正确，1 点有欠缺</td></tr>
<tr><td>D</td><td>2 点均有欠缺</td></tr>
<tr><td>E</td><td>未答题</td></tr>
<tr><td colspan="2">合计配分</td><td>25</td><td colspan="7">合 计 得 分</td><td></td></tr>
</table>

等级	A（优）	B（良）	C（及格）	D（较差）	E（差或未答题）
比值	1.0	0.8	0.6	0.2	0

“评价要素”得分=配分×等级比值。

七、观察大小便（试题代码：3.1.8；考核时间：4 min）

1. 试题单

（1）操作条件

无。

（2）操作内容

1）口述大、小便观察内容及正常大、小便的性状。

2）口述两种异常大、小便的情况，并说明可能存在的疾病。

（3）操作要求

1）口述观察大便内容正确、异常大便举例正确。

2）口述观察小便内容正确、异常小便举例正确。

2. 评分表

试题代码及名称		3.1.8 观察大小便			考核时间	4 min				
评价要素		配分	等级	评分细则	评定等级					得分
					A	B	C	D	E	
1	观察内容： （1）大便观察内容：从大便的量、形状、颜色、气味观察正常与否 （2）小便观察内容：从小便的量与次数、颜色、透明度、气味观察正常与否	15	A	全部正确						
			B	有1点正确，1点有欠缺						
			C	—						
			D	2点均有欠缺						
			E	未答题						
2	异常情况举例： （1）异常大便举例：至少能发现两种情况 （2）异常小便举例：至少能发现两种情况	10	A	全部正确						
			B	有1点正确，1点有欠缺						
			C	—						
			D	2点均有欠缺						
			E	未答题						
合计配分		25	合计得分							

等级	A（优）	B（良）	C（及格）	D（较差）	E（差或未答题）
比值	1.0	0.8	0.6	0.2	0

“评价要素”得分＝配分×等级比值。

八、睡眠的保育操作（试题代码：3.1.9；考核时间：4 min）

1. 试题单

（1）操作条件

席子、垫被、枕头、床单、盖被、娃娃 4 个。

（2）操作内容

1）口述睡眠环境要求。

2）铺床操作。

3）睡眠时的窗户操作。

4）口述睡眠时的巡视以及指导幼儿睡眠事项。

（3）操作要求

1）睡眠环境符合要求。

2）铺床操作正确。

3）睡眠时窗户“开”“关”符合要求。

4）幼儿睡眠时巡视的内容符合要求。

5）正确帮助、指导幼儿穿、脱衣服及整理床铺。

2. 评分表

试题代码及名称		3.1.9 睡眠的保育操作			考核时间	4 min				
	评价要素	配分	等级	评分细则	评定等级					得分
					A	B	C	D	E	
1	睡眠环境要求：整洁、舒适、安静	3	A	叙述正确						
			B	有 2 点正确						
			C	有 1 点正确						
			D	—						
			E	差或未答题						

续表

<table>
<tr><td colspan="2">试题代码及名称</td><td colspan="3">3.1.9 睡眠的保育操作</td><td colspan="3">考核时间</td><td colspan="3">4 min</td></tr>
<tr><td colspan="2" rowspan="2">评价要素</td><td rowspan="2">配分</td><td rowspan="2">等级</td><td rowspan="2">评分细则</td><td colspan="5">评定等级</td><td rowspan="2">得分</td></tr>
<tr><td>A</td><td>B</td><td>C</td><td>D</td><td>E</td></tr>
<tr><td rowspan="5">2</td><td rowspan="5">铺床操作：
(1) 小床上的床单、垫被、被子、枕头应铺放整齐
(2) 地铺：应先清洁地面，再铺地铺
(3) 被褥铺放规范</td><td rowspan="5">8</td><td>A</td><td>全部正确</td><td rowspan="5"></td><td rowspan="5"></td><td rowspan="5"></td><td rowspan="5"></td><td rowspan="5"></td><td rowspan="5"></td></tr>
<tr><td>B</td><td>有 2 点正确，1 点有欠缺</td></tr>
<tr><td>C</td><td>有 1 点正确，2 点有欠缺</td></tr>
<tr><td>D</td><td>3 点均有欠缺</td></tr>
<tr><td>E</td><td>未答题</td></tr>
<tr><td rowspan="5">3</td><td rowspan="5">睡眠时窗户的“开”“关”操作：
(1) 睡前
(2) 睡时
(3) 起床</td><td rowspan="5">8</td><td>A</td><td>全部正确</td><td rowspan="5"></td><td rowspan="5"></td><td rowspan="5"></td><td rowspan="5"></td><td rowspan="5"></td><td rowspan="5"></td></tr>
<tr><td>B</td><td>有 3 点正确</td></tr>
<tr><td>C</td><td>有 2 点正确</td></tr>
<tr><td>D</td><td>有 1 点正确</td></tr>
<tr><td>E</td><td>差或未答题</td></tr>
<tr><td rowspan="5">4</td><td rowspan="5">睡眠巡视及指导幼儿睡眠事项：
(1) 睡眠中巡视正确
(2) 帮助、指导幼儿穿、脱衣服
(3) 起床后的整理</td><td rowspan="5">6</td><td>A</td><td>全部正确</td><td rowspan="5"></td><td rowspan="5"></td><td rowspan="5"></td><td rowspan="5"></td><td rowspan="5"></td><td rowspan="5"></td></tr>
<tr><td>B</td><td>有 2 点正确，1 点有欠缺</td></tr>
<tr><td>C</td><td>有 1 点正确，2 点有欠缺</td></tr>
<tr><td>D</td><td>3 点均有欠缺</td></tr>
<tr><td>E</td><td>未答题</td></tr>
<tr><td colspan="2">合计配分</td><td>25</td><td colspan="7">合 计 得 分</td><td></td></tr>
</table>

等级	A（优）	B（良）	C（及格）	D（较差）	E（差或未答题）
比值	1.0	0.8	0.6	0.2	0

“评价要素”得分=配分×等级比值。

九、睡眠中不同情况幼儿的保育操作（试题代码：3.1.10；考核时间：4 min）

1. 试题单

(1) 操作条件

无。

(2) 操作内容

模拟进行对睡眠中惊哭儿、体弱儿、尿床儿采取的保育操作，并口述相关内容。

（3）操作要求

保育操作正确，措施得当。

2. 评分表

试题代码及名称		3.1.10 睡眠中不同情况幼儿的保育操作			考核时间		4 min			
评价要素		配分	等级	评分细则	评定等级					得分
					A	B	C	D	E	
1	对睡眠中惊哭幼儿的保育操作： （1）安抚幼儿 （2）了解、寻找原因	8	A	全部正确						
			B	—						
			C	有1点正确，1点有欠缺						
			D	2点均有欠缺						
			E	未答题						
2	对体弱幼儿睡眠的保育操作： （1）多汗等情况的照顾 （2）睡眠的时间 （3）睡眠的位置	9	A	全部正确						
			B	有2点正确，1点有欠缺						
			C	有1点正确，2点有欠缺						
			D	3点均有欠缺						
			E	未答题						
3	对尿床幼儿的保育操作： （1）提醒解便 （2）尿床的处理	8	A	全部正确						
			B	—						
			C	有1点正确，1点有欠缺						
			D	2点均有欠缺						
			E	未答题						
合计配分		25	合计得分							

等级	A（优）	B（良）	C（及格）	D（较差）	E（差或未答题）
比值	1.0	0.8	0.6	0.2	0

“评价要素”得分＝配分×等级比值。

十、美术活动的保育操作（试题代码：3.2.1；考核时间：4 min）

1. 试题单

（1）操作条件

桌子1张、椅子4把、铅画纸10张、蜡笔4盒、手工纸1包、橡皮泥4盒、剪刀4把、胶水1瓶、泥工板4块、抹布1块。

（2）操作内容

1）美术活动的环境创设。

2）美术活动的材料准备。

3）指导幼儿的坐姿和握笔。

（3）操作要求

1）环境创设符合要求。

2）材料准备齐全。

3）指导方法正确。

2. 评分表

试题代码及名称		3.2.1 美术活动的保育操作		考核时间			4 min		
评价要素	配分	等级	评分细则	评定等级					得分
				A	B	C	D	E	
操作要求： （1）环境创设 （2）材料准备（材料与人数相符，物品齐全） （3）指导幼儿坐、握笔姿势	10	A	全部正确						
		B	有2点正确，1点有欠缺						
		C	有1点正确，2点有欠缺						
		D	3点均有欠缺						
		E	未答题						
合计配分	10	合计得分							

等级	A（优）	B（良）	C（及格）	D（较差）	E（差或未答题）
比值	1.0	0.8	0.6	0.2	0

“评价要素”得分＝配分×等级比值。

十一、音乐活动的保育操作（试题代码：3.2.2；考核时间：4 min）

1. 试题单

（1）操作条件

小乐器1套、头饰若干、椅子若干、录音机。

（2）操作内容

1）音乐活动的环境创设。

2）音乐活动的物品准备。

（3）操作要求

1）环境创设符合要求。

2）根据活动需要准备相应物品。

2. 评分表

<table>
<tr><td colspan="2">试题代码及名称</td><td colspan="3">3.2.2 音乐活动的保育操作</td><td colspan="3">考核时间</td><td colspan="3">4 min</td></tr>
<tr><td colspan="2" rowspan="2">评价要素</td><td rowspan="2">配分</td><td rowspan="2">等级</td><td rowspan="2">评分细则</td><td colspan="5">评定等级</td><td rowspan="2">得分</td></tr>
<tr><td>A</td><td>B</td><td>C</td><td>D</td><td>E</td></tr>
<tr><td rowspan="5"></td><td rowspan="5">操作要求：
（1）环境创设（场地、空气、座位安排形式）
（2）根据活动需要准备相应物品（小乐器、头饰、录音机等）</td><td rowspan="5">10</td><td>A</td><td>全部正确</td><td rowspan="5"></td><td rowspan="5"></td><td rowspan="5"></td><td rowspan="5"></td><td rowspan="5"></td><td rowspan="5"></td></tr>
<tr><td>B</td><td>—</td></tr>
<tr><td>C</td><td>有1点正确，1点有欠缺</td></tr>
<tr><td>D</td><td>2点均有欠缺</td></tr>
<tr><td>E</td><td>未答题</td></tr>
<tr><td colspan="2">合计配分</td><td>10</td><td colspan="7">合 计 得 分</td><td></td></tr>
</table>

等级	A（优）	B（良）	C（及格）	D（较差）	E（差或未答题）
比值	1.0	0.8	0.6	0.2	0

“评价要素”得分＝配分×等级比值。

十二、户外活动的准备及结束整理操作（试题代码：3.2.3；考核时间：4 min）

1. 试题单

（1）操作条件

茶杯若干、毛巾若干、皮球若干、绳子若干。

（2）操作内容

1）检查场地，并口述相关内容。

2）备好活动器具及用品，并口述相关内容。

3）活动结束整理操作。

（3）操作要求

1）场地检查符合安全要求。

2）活动器具符合要求。

3）活动结束整理符合要求。

2. 评分表

试题代码及名称	3.2.3 户外活动的准备及结束整理操作			考核时间	4 min				
评价要素	配分	等级	评分细则	评定等级					得分
				A	B	C	D	E	
操作要求： （1）场地安全 （2）备好活动器具 （3）备好毛巾、茶水 （4）活动结束工作	10	A	全部正确						
		B	有 3 点正确，1 点有欠缺						
		C	有 2 点正确，2 点有欠缺						
		D	有 1 点正确，3 点有欠缺						
		E	差或未答题						
合计配分	10		合　计　得　分						

等级	A（优）	B（良）	C（及格）	D（较差）	E（差或未答题）
比值	1.0	0.8	0.6	0.2	0

“评价要素”得分＝配分×等级比值。

十三、户外活动中的保育操作（试题代码：3.2.4；考核时间：4 min）

1. 试题单

（1）操作条件

无。

（2）操作内容

口述下列保育操作的内容和要求：

1）生活保育内容和要求。

2）安全保育内容和要求。

3）观察幼儿活动量。

4）对个别幼儿保育的内容要求。

（3）操作要求

1）生活保育符合要求。

2）安全保育符合要求。

3）正确观察幼儿活动量。

4）对个别幼儿及体弱儿的保育措施正确。

2. 评分表

试题代码及名称		3.2.4 户外活动中的保育操作		考核时间				4 min	
评价要素	配分	等级	评分细则	评定等级					得分
				A	B	C	D	E	
操作要求： （1）生活保育 （2）安全工作 （3）观察幼儿活动量 （4）对个别幼儿及体弱儿的保育	10	A	全部正确						
		B	有 3 点正确，1 点有欠缺						
		C	有 2 点正确，2 点有欠缺						
		D	有 1 点正确，3 点有欠缺						
		E	差或未答题						
合计配分	10	合计得分							

等级	A（优）	B（良）	C（及格）	D（较差）	E（差或未答题）
比值	1.0	0.8	0.6	0.2	0

“评价要素”得分＝配分×等级比值。

十四、指出图片中盥洗室的不安全因素，并叙述应采取的安全措施（试题代码：3.2.6；考核时间：4 min）

1. 试题单

（1）操作条件

盥洗室图片 1 组。

（2）操作内容

找出图片中的四种不安全因素，并叙述应采取的四种安全措施。

（3）操作要求

正确指出图片中盥洗室的四种不安全因素，采取相应的安全措施正确。

2. 评分表

<table>
<tr><td colspan="2">试题代码及名称</td><td colspan="3">3.2.6 指出图片中盥洗室里的不安全因素，并叙述应采取的安全措施</td><td colspan="3">考核时间</td><td colspan="3">4 min</td></tr>
<tr><td colspan="2" rowspan="2">评价要素</td><td rowspan="2">配分</td><td rowspan="2">等级</td><td rowspan="2">评分细则</td><td colspan="5">评定等级</td><td rowspan="2">得分</td></tr>
<tr><td>A</td><td>B</td><td>C</td><td>D</td><td>E</td></tr>
<tr><td rowspan="5"></td><td rowspan="5">操作要求：
（1）环境方面
（2）用品（物品）方面
（3）幼儿
（4）保教人员</td><td rowspan="5">10</td><td>A</td><td>全部正确</td><td rowspan="5"></td><td rowspan="5"></td><td rowspan="5"></td><td rowspan="5"></td><td rowspan="5"></td><td rowspan="5"></td></tr>
<tr><td>B</td><td>有 3 点正确</td></tr>
<tr><td>C</td><td>有 2 点正确</td></tr>
<tr><td>D</td><td>有 1 点正确</td></tr>
<tr><td>E</td><td>差或未答题</td></tr>
<tr><td colspan="2">合计配分</td><td>10</td><td colspan="7">合　计　得　分</td><td></td></tr>
</table>

等级	A（优）	B（良）	C（及格）	D（较差）	E（差或未答题）
比值	1.0	0.8	0.6	0.2	0

“评价要素”得分＝配分×等级比值。

十五、指出图片中幼儿进餐时的不安全因素，并叙述应采取的安全措施（试题代码：3.2.7；考核时间：4 min）

1. 试题单

（1）操作条件

进餐图片 1 组。

（2）操作内容

找出图片中的四种不安全因素，并叙述应采取的四种安全措施。

（3）操作要求

正确指出图片中幼儿进餐时的四种不安全因素，采取的相应安全措施正确。

2. 评分表

同上题。

十六、指出图片中活动室的不安全因素，并叙述应采取的安全措施（试题代码：3.2.8；考核时间：4 min）

1. 试题单

（1）操作条件

室内活动图片 1 组。

（2）操作内容

找出图片中的四种不安全因素，并叙述应采取的四种安全措施。

（3）操作要求

正确指出图片中活动室的四种不安全因素，采取相应的安全措施正确。

2. 评分表

同上题。

十七、指出图片中户外活动时的不安全因素，并叙述应采取的安全措施（试题代码：3.2.9；考核时间：4 min）

1. 试题单

（1）操作条件

户外活动图片 1 组。

（2）操作内容

找出图片中的四种不安全因素，并叙述应采取的四种安全措施。

（3）操作要求

正确指出图片中户外活动时的四种不安全因素，采取相应的安全措施正确。

2. 评分表

同上题。

十八、指出图片中幼儿走楼梯时的不安全因素，并叙述应采取的安全措施（试题代码：3.2.10；考核时间：4 min）

1. 试题单

（1）操作条件

上下楼梯图片 1 组。

（2）操作内容

找出图片中的四种不安全因素，并叙述应采取的四种安全措施。

（3）操作要求

正确指出图片中幼儿走楼梯时的四种不安全因素，采取相应的安全措施正确。

2. 评分表

同上题。

保教操作

一、卧具的清洁保管操作（试题代码：4.1.1；考核时间：5 min）

1. 试题单

（1）操作条件

垫被、小被子 4 条、席子。

（2）操作内容

口述洗、晒、储藏、更换被褥和席子的操作要求。

（3）操作要求

被褥、席子的洗、晒、储藏、更换的操作符合要求。

2. 评分表

试题代码及名称	4.1.1 卧具的清洁保管操作			考核时间		5 min			
评价要素	配分	等级	评分细则	评定等级					得分
				A	B	C	D	E	
操作要求： （1）被褥洗晒要求 （2）被褥使用前要求 （3）被褥的储藏及储藏室的要求 （4）季节更换	15	A	全部正确						
		B	有 3 点正确，1 点有欠缺						
		C	有 2 点正确，2 点有欠缺						
		D	有 1 点正确，3 点有欠缺						
		E	差或未答题						
合计配分	15	合　计　得　分							

等级	A（优）	B（良）	C（及格）	D（较差）	E（差或未答题）
比值	1.0	0.8	0.6	0.2	0

“评价要素”得分＝配分×等级比值。

二、清洁卫生用具的保管操作（试题代码：4.1.2；考核时间：5 min）

1. 试题单

（1）操作条件

扫帚、拖把、抹布。

（2）操作内容

口述清洁卫生用具放置、清洁、消毒的操作要求。

（3）操作要求

清洁卫生用具的放置、清洁、消毒的操作符合要求。

2. 评分表

试题代码及名称	4.1.2 清洁卫生用具的保管操作			考核时间		5 min			
评价要素	配分	等级	评分细则	评定等级					得分
				A	B	C	D	E	
操作要求： （1）用具放置要求 （2）用具使用时的日常及特殊情况的清洁、消毒要求 （3）用具损坏时的处理	15	A	全部正确						
		B	有 2 点正确，1 点有欠缺						
		C	有 1 点正确，2 点有欠缺						
		D	3 点均有欠缺						
		E	未答题						
合计配分	15	合 计 得 分							

等级	A（优）	B（良）	C（及格）	D（较差）	E（差或未答题）
比值	1.0	0.8	0.6	0.2	0

“评价要素”得分＝配分×等级比值。

三、玩具的保管操作（试题代码：4.1.4；考核时间：5 min）

1. 试题单

（1）操作条件

积木 1 套、皮球若干、绳子若干。

（2）操作内容

进行玩具归类、摆放操作，并口述相关内容。

(3) 操作要求

玩具的归类、摆放、清洗、检查要求正确。

2. 评分表

试题代码及名称		4.1.4 玩具的保管操作		考核时间	5 min			
评价要素	配分	等级	评分细则	评定等级				得分
				A	B	C	D	E	
操作要求： (1) 玩具归类、摆放 (2) 清洗、消毒 (3) 检查是否损坏 (4) 对已损坏的玩具的处理	15	A	全部正确						
		B	有3点正确						
		C	有2点正确						
		D	有1点正确						
		E	差或未答题						
合计配分	15	合计得分							

等级	A（优）	B（良）	C（及格）	D（较差）	E（差或未答题）
比值	1.0	0.8	0.6	0.2	0

"评价要素"得分＝配分×等级比值。

四、运动器具的保管操作（试题代码：4.1.5；考核时间：5 min）

1. 试题单

(1) 操作条件

皮球若干、绳子若干。

(2) 操作内容

1) 口述大型活动器具的保管要求。

2) 口述小型运动器具的保管要求。

(3) 操作要求

1) 大型活动器具的检查、保管方法正确。

2) 小型运动器具整理分类摆放方法正确。

2. 评分表

试题代码及名称		4.1.5 运动器具的保管操作			考核时间		5 min			
评价要素		配分	等级	评分细则	评定等级					得分
					A	B	C	D	E	
1	大型活动器具的保管要求：（1）清洁消毒（2）检查有无损坏（3）已损坏的处理	10	A	全部正确						
			B	有 2 点正确，1 点有欠缺						
			C	有 1 点正确，2 点有欠缺						
			D	3 点均欠缺						
			E	未答题						
2	小型运动器具的保管要求：（1）分类摆放（2）按需备足器具	5	A	全部正确						
			B	—						
			C	有 1 点正确，1 点有欠缺						
			D	2 点均欠缺						
			E	未答题						
合计配分		15		合 计 得 分						

等级	A（优）	B（良）	C（及格）	D（较差）	E（差或未答题）
比值	1.0	0.8	0.6	0.2	0

“评价要素”得分=配分×等级比值。

五、简谱视唱（试题代码：4.2.2；考核时间：3 min）

1. 试题单

（1）操作条件

简谱试唱题卡。

（2）操作内容

根据指定题卡视唱。

（3）操作要求

1）节拍正确。

2）音域高低正确。

3）声音自然响亮。

2. 评分表

试题代码及名称		4.2.2 简谱视唱		考核时间	3 min				
评价要素	配分	等级	评分细则	评定等级					得分
				A	B	C	D	E	
操作要求： (1) 节拍正确 (2) 音域高低正确 (3) 声音自然响亮	10	A	全部正确						
		B	有 2 点正确，1 点有欠缺						
		C	有 1 点正确，2 点有欠缺						
		D	3 点均有欠缺						
		E	差或未答题						
合计配分	10	合 计 得 分							

等级	A（优）	B（良）	C（及格）	D（较差）	E（差或未答题）
比值	1.0	0.8	0.6	0.2	0

“评价要素”得分＝配分×等级比值。

第 5 部分

理论知识考试模拟试卷及答案

保育员（五级）理论知识试卷

注 意 事 项

1. 考试时间：90 min。
2. 请首先按要求在试卷的标封处填写您的姓名、准考证号和所在单位的名称。
3. 请仔细阅读各种题目的回答要求，在规定的位置填写您的答案。
4. 不要在试卷上乱写乱画，不要在标封区填写无关的内容。

	一	二	总分
得分			

得分	
评分人	

一、判断题（第 1 题～第 60 题。将判断结果填入括号中。正确的填“√”，错误的填“×”。每题 0.5 分，满分 30 分）

1. 幼儿期儿童的年龄是 3～6 周岁。（ ）
2. 幼儿期儿童与外界接触较多，免疫力较低，易患传染病。（ ）
3. 体重能反映小儿生长发育的综合情况。（ ）

4. 新生儿对温度反应敏感，对痛觉反应较迟钝。（　）
5. 小儿身高增长的速度随年龄的增长而加快。（　）
6. 豆制品是动物蛋白。（　）
7. 新鲜的水果和蔬菜含维生素 A 最丰富。（　）
8. 幼儿每天固定时间进餐，进餐时间不少于 30 min，两餐间隔一般为 3～4 h。（　）
9. 小儿摔伤后有恶心、呕吐、头痛等现象，提示有颅内损伤，应立即送医院。（　）
10. 流行性腮腺炎是消化道传染病。（　）
11. 扁桃体炎主要由细菌引起，好发于 2 岁以下小儿。（　）
12. 营养不良的幼儿应多吃油炸食品，增加热能。（　）
13. 保持皮肤清洁干燥，可以预防疖子、痱子的发生。（　）
14. 早晚刷牙饭后漱口可以预防龋齿的发生。（　）
15. 活动中应根据场地大小安排活动量，尽量使活动区域宽敞，不设障碍物。（　）
16. 小儿上呼吸道感染后容易并发中耳炎的原因是鼻泪管短。（　）
17. 婴儿口腔两颊部脂肪垫发达，有利于吸吮。（　）
18. 脓疱疮传染性强，因此托幼机构内发生脓疱疮后，应做好空气消毒，杜绝流行。（　）
19. 预防“红眼睛”应做到一人一巾，用后高温消毒，流行期间室内用具、玩具等也需消毒。（　）
20. 鼻出血量多可引起贫血，有面色苍白、头晕等症状。（　）
21. 用于皮肤消毒的酒精浓度应为 90%，越浓越好。（　）
22. 冷敷用冰水比一般冷水效果好。（　）
23. 口表测量法适用年龄是 2～3 岁。（　）
24. 保育员要及时掌握小儿晨间检查时发现的问题。（　）
25. 全日观察中要特别做好体弱儿的护理。（　）
26. 活动室内热水瓶、热饭、热菜要放在小儿碰不到的地方。（　）
27. 每次嬉水必须由保育员带领，涉水活动的水深以到幼儿大腿部为宜。（　）
28. 在使用空调的情况下，室内空气消毒只需每天通风一次。（　）

29. 大型运动器械应该放在泥地、塑胶地、草坪上，并要有适当间距和防护装置。

（ ）

30. 烧好的饭菜应放在备餐桌上等待温度降到不烫手方可分发。（ ）

31.《幼儿园管理条例》《幼儿园工作规程》《上海市母婴保健条例》都是全国性的托幼机构法规。（ ）

32. 幼儿园是对 3 周岁以上学龄前幼儿实施保育与教育的机构。（ ）

33. 托儿所应重视保育工作，幼儿园应重视教育工作。（ ）

34. 人的心理发展离不开客观现实，它是心理产生的源泉和内容。（ ）

35. 每个儿童心理发展的速度和水平会各有不同的差异。（ ）

36. 离开了感知觉，人就不可能认识客观世界中的一切事物。（ ）

37. 人们能记住家里的电话号码和地址，这是属于意义记忆。（ ）

38. 人脑对客观现实的能动的反映是思维。（ ）

39. 游戏是发展幼儿有意注意的良好手段。（ ）

40. 高级的社会情感主要有道德感、理智感和美感，看到别人随地吐痰而生气是道德感的表现。（ ）

41. 1～2 岁的小儿可以配合保育员进行生活活动。（ ）

42. 从小养成良好的生活方式有利于一生的健康。（ ）

43. 关于婴幼儿的盥洗，其重要性主要是促进身心健康。（ ）

44. 在婴幼儿睡眠的过程中，保育员应做到三勤，巡回三次。（ ）

45. 当婴幼儿惊哭时，保育员要细心观察，若发现体温异常，要及时报告。（ ）

46. 婴幼儿入睡时喜欢将家里的毛绒玩具抱在怀里睡觉，保育员看到后应该拿掉。

（ ）

47. 幼儿一日三餐中安排是早餐吃少、午餐吃饱、晚餐吃好。（ ）

48. 保育员在分发餐具饭菜时应该先洗净双手。（ ）

49. 体弱儿的饭菜尽量多盛一些。（ ）

50. 还剩一个幼儿在吃饭时，保育员就能打扫卫生了。（ ）

51. 不管年龄大还是年龄小的幼儿，保育员都应该让他们自己倒水和饮水。（ ）

52. 幼儿盥洗时必须注意安全卫生，要做到三防，即防烫伤、防滑倒、防着凉。( )
53. 厕所要保持清洁、干燥、无臭味、无污垢。( )
54. 婴幼儿阅读卫生要求眼睛与书本保持距离 20～25 cm。( )
55. 幼儿使用的运动设备及运动器械必须每月检查 1 次，发现损坏停止使用。( )
56. 托幼园所设备保管的范围是指园所内的玩具、教具、餐具。( )
57. 清洁卫生用具包括拖把、抹布、肥皂、幼儿毛巾。( )
58. 衣物要折叠整齐，放固定处，并指导幼儿学会辨认自己的衣物。( )
59. 幼儿园的图书不属于玩具，因此不需要消毒。( )
60. 音符右边的横线叫减时线，音符下面的横线叫增时线。( )

得分	
评分人	

二、单项选择题（第 1 题～第 70 题。选择一个正确的答案，将相应的字母填入题内的括号中。每题 1 分，满分 70 分）

1. 婴儿期小儿的保健要点是( )。
A. 家长要合理喂养　　B. 按时接受预防接种
C. 按时添加辅食　　D. 以上三项都是
2. 下列不属于学龄前期保健要点的是( )。
A. 加强教养　　B. 减少与外界的接触
C. 保证摄入足够的营养　　D. 预防意外事故和传染病
3. 影响小儿身高的密切相关因素是( )。
A. 遗传　　B. 气候　　C. 环境　　D. 早期教育
4. 小儿每天接收光照不能少于( )。
A. 1 h　　B. 2 h　　C. 0.5 h　　D. 5 h
5. 小儿的年龄越小，生长越迅速，所需( )越多，这是小儿特有的需要，也是与成年人最大的区别。
A. 基础代谢　　B. 生长发育　　C. 热能　　D. 排泄消耗
6. 肝脏中富含维生素 A 和( )，维生素 C 在蔬菜、水果中含量较多。

A. 碳水化合物　B. 脂肪　C. 蛋白质　D. 维生素 D

7. 控制传染病传播流行的环节是（　）。

A. 控制传染源　B. 切断传播途径　C. 保护易感者　D. 以上三项都是

8. 水痘的潜伏期是（　）天。

A. 5～7　B. 7～10　C. 10～21　D. 21～45

9. 细菌性痢疾的传播途径是（　）。

A. 污染飞沫　B. 污染土壤　C. 污染接触　D. 污染食物

10. 小儿气管和支气管的特点是（　）。

A. 较成人狭窄　B. 软骨柔软

C. 黏膜血管组织丰富　D. 以上三项都是

11. 乳儿容易发生呕吐或溢乳的原因是（　）。

A. 肠比成人长　B. 胃呈水平位　C. 食管短　D. 唾液少

12. 营养不良的主要表现（　）。

A. 胃口差　B. 肌肉松弛　C. 皮下脂肪薄　D. 以上三项都是

13. 脓疱疮的传染方式是（　）。

A. 接触传播　B. 搔抓感染部位

C. 接触病人污染物　D. 以上三项都是

14. 小儿感冒后最常见的并发症是（　）。

A. 肝炎　B. 肾炎　C. 中耳炎　D. 菌痢

15. 小儿刚跌伤时应该用（　）。

A. 冷敷　B. 热敷　C. 按摩　D. 以上都可以

16. 晨间检查是在幼儿晨初入园时的检查，主要是为了了解幼儿健康状况、检查卫生情况和（　），做到早发现、早报告、早隔离、早治疗、早预防。

A. 询问孩子在家的饮食情况　B. 检查幼儿有没有修剪手指甲

C. 检查幼儿有无携带手帕　D. 发现引发危险的因素

17. 小儿出现尿频、尿急、尿痛，最有可能是患了（　）。

A. 肾炎　B. 肾结石　C. 便秘　D. 尿路感染

18. 化学物品中能够杀灭病毒的消毒剂是（ ）。

A. 红汞 B. 含氯制剂 C. 双氧水 D. 生理盐水

19. 托幼园所可以建造在（ ）旁边。

A. 集贸市场 B. 娱乐场所 C. 医院 D. 居民区

20. 下列不适合用煮沸消毒方法进行消毒的物品是（ ）。

A. 毛巾 B. 碗筷 C. 玩具 D. 茶杯

21. 用煮沸法预防性消毒毛巾时，水沸腾后再煮（ ）。

A. 5 min B. 10 min C. 15 min D. 20 min

22. 意外伤害通常分为一般伤害、责任伤害和重大责任伤害。下列属于一般伤害的是（ ）。

A. 烫伤 B. 跌伤 C. 走失 D. 高处坠落

23. 幼儿每天入园时，保健老师都要进行晨检，了解每个幼儿的健康状况，检查有无携带（ ）。

A. 玩具 B. 图书 C. 不安全物品 D. 书包

24.（ ）不宜给托大班幼儿食用。

A. 鱼丁 B. 鸡翅 C. 肉末 D. 虾球

25. 组织幼儿如厕，要分批进行，避免幼儿（ ）。

A. 在厕所游戏 B. 拥挤碰撞 C. 玩水 D. 浪费时间

26. 幼儿期儿童的年龄是（ ），此时期的小儿动作语言发育迅速。

A. 出生到 1 周岁 B. 1 到不满 3 周岁

C. 0～6 周岁 D. 3 到不满 7 周岁

27. 下列不属于幼儿期保健要点的是（ ）。

A. 开展早期教育 B. 预防意外事故

C. 定期检查视力 D. 良好习惯培养

28. 前囟一般在（ ）闭合。

A. 3～4 个月 B. 5～6 个月 C. 6～12 个月 D. 12～18 个月

29. 小儿先能抬头、支撑、独坐，而后会站立、行走，符合运动发育的（ ）。

A. 协调规律　B. 上下规律　C. 粗细规律　D. 正反规律

30. 竹竿操适宜的年龄是（　）。

A. 7～12 个月　B. 1～2 岁　C. 2～3 岁　D. 3～4 岁

31. 下列食物中（　）含铁最丰富。

A. 瘦肉　B. 牛奶、豆制品　C. 水果　D. 鱼肝油

32. 下列关于甲型肝炎的主要症状描述错误的是（　）。

A. 厌油腻　B. 腹泻　C. 尿如浓茶色　D. 肝肿大

33. 上呼吸道感染的病原体（　）以病毒为主。

A. 70%以上　B. 80%以上　C. 90%以上　D. 100%

34. 多补充水分和含（　）丰富的食物，可改善便秘。

A. 纤维素　B. 维生素　C. 动物蛋白　D. 植物蛋白

35. 以下关于蛲虫病的主要症状叙述正确的是（　）。

A. 恶心、呕吐　B. 拒食或挑食

C. 肛门周围瘙痒　D. 以上三项都是

36.《条例》和《规程》中都指出幼儿园应当以游戏为基本活动，要重视幼儿园（　）。

A. 卫生保健工作　B. 学习活动安排

C. 游戏活动安排　D. 生活管理

37.《幼儿园工作规程》适用于（　）。

A. 城市幼儿园　B. 城镇幼儿园

C. 城市条件好的幼儿园　D. 城乡各类幼儿园

38. 幼儿园智育目标的内容是（　）。

A. 培养正确运用感官和运用语言交往的基本能力

B. 培养有益的兴趣和求知欲望

C. 发展幼儿智力

D. 以上三项都是

39. 幼儿园应制定科学合理的生活制度，做好卫生工作，科学编制食谱，做好健康检

查。其中在园幼儿要（　　）体检1次。

A. 每年　B. 每学期　C. 每季度　D. 每个月

40.《上海市母婴保健条例》规定托幼园所聘用无健康证的人员从事托幼园所工作的，卫生行政部门应当予以警告或者处以（　　）罚款。

A. 100～200元　B. 200～500元　C. 500～1 000元　D. 500～2 000元

41. 人的心理现象可分为（　　）两大部分。

A. 知、情和意　B. 个性心理特征和个性倾向性

C. 心理过程和心理倾向　D. 心理过程和个性心理

42. 遗传和生理成熟是影响婴幼儿心理发展的主要因素之一，是婴幼儿心理发育的（　　）。

A. 精神基础　B. 社会基础　C. 物质基础　D. 心理基础

43. 观察是知觉的高级形式，下列关于婴幼儿观察的特征，错误的是（　　）。

A. 观察的目的性不明确　B. 观察的持续时间较长

C. 观察的概括性不强　D. 观察的细致性不够

44. 识记材料保持的时间不超过1～2 s的记忆是（　　）。

A. 瞬时记忆　B. 长时记忆　C. 永久记忆　D. 短时记忆

45. 以下关于婴幼儿记忆发展的特点的描述正确的是（　　）。

A. 儿童很容易记住看过的广告　B. 相比数字而言，小儿能先记住小兔跳

C. 儿童背古诗但不懂含义　D. 以上三项都是

46. 3～6岁的幼儿的思维方式以（　　）为主。

A. 直觉行动性思维　B. 具体形象性思维

C. 抽象逻辑性思维　D. 以上都不对

47. 幼儿想象的特点之一是（　　）。

A. 有意想象为主，无意想象正在发展　B. 想象就是现实

C. 幻想为主，再造想象正在发展　D. 再造想象为主，创造想象开始发展

48. 幼儿生活在不同的家庭，认识能力的发展是各不相同的，要促进婴幼儿认识能力的发展必须（　　）。

A. 有统一的发展要求　　B. 任其自然发展

C. 因人而异，因人施教　　D. 重视能力强的幼儿的发展

49. 人的心理发展过程主要包括（　）。

A. 认识过程、情感过程、意志过程　　B. 认识过程、个性过程、感知过程

C. 注意过程、感知过程、思维过程　　D. 感知过程、个性过程、注意过程

50. 婴幼儿时期高级神经活动的抑制过程不够完善，所以表现为容易（　）。

A. 好静不好动　　B. 容易平静　　C. 兴奋强于抑制　　D. 注意力集中

51. 以下不属于婴幼儿皮肤特点的是（　）。

A. 皮肤保护功能差　　B. 皮肤调节体温功能差

C. 皮肤代谢旺盛　　D. 皮肤渗透作用强

52. 在睡眠中应培养婴幼儿（　）的良好睡眠习惯。

A. 自己穿脱衣服　　B. 自动入睡

C. 学习叠被子　　D. 把鞋子放在固定处

53. 为了提高婴幼儿的睡眠质量，需要为婴幼儿创设一个（　）的环境。

A. 安静　　B. 舒适　　C. 温馨　　D. 以上三项都是

54. 当幼儿尿床后，保育员应该（　）。

A. 训斥　　B. 让孩子接着睡

C. 换上干净衣裤，并安抚　　D. 以上三项都是

55. 婴幼儿两餐之间的间隔时间一般为（　）。

A. 1 h　　B. 2 h　　C. 3～4 h　　D. 4～5 h

56. 进餐时要让挑食儿与（　）坐在一起，让其有个好榜样。

A. 体弱儿　　B. 肥胖儿　　C. 不挑食儿　　D. 以上都不是

57. 进餐结束后保育员应要求幼儿咽下最后一口饭菜离开饭桌，这主要是为了（　）。

A. 落实卫生措施　　B. 培养能力　　C. 防止窒息　　D. 口腔卫生

58. 保育员指导幼儿洗手的正确顺序是（　）。

A. 卷袖、冲水、擦肥皂

B. 擦肥皂、搓、冲

C. 卷袖、冲湿手、擦肥皂、搓洗、冲干净、甩几下、擦毛巾

D. 擦肥皂、冲洗、擦干

59.（　）以后的幼儿可以培养其控制大小便，主动用语言来表示大小便需求。

A. 1 岁　B. 2 岁　C. 3 岁　D. 4 岁

60. 保育员在指导幼儿学习生活技能时，应尊重幼儿，说话和蔼可亲，创设“家庭式”的氛围，这是为了创设（　）。

A. 生理安全环境　B. 心理安全环境　C. 物质安全环境　D. 物质环境

61. 幼儿音乐活动中所需的物品是（　）。

A. 小铃、小钹、钢琴　B. 拉力器

C. 木珠　D. 小汽车

62. 幼儿在户外活动中大量出汗，这是幼儿（　）的反应状态。

A. 轻度疲劳　B. 中度疲劳　C. 重度疲劳　D. 好出汗

63. 为了发展幼儿的思维能力和想象能力，保育员应该选择（　）为好。

A. 色彩鲜艳的玩具　B. 一物多玩的玩具

C. 新式玩具　D. 电动玩具

64. 以下物品中属于班内固定财产的是（　）。

A. 桌椅　B. 绘画纸　C. 清洁剂　D. 水

65. 保育员保管本班的固定财产包括（　）。

A. 桌椅、橱柜　B. 电器用品

C. 琴　D. 以上三项都是

66. 发生传染病后清洁卫生用具应（　）。

A. 只清洗，不用消毒　B. 反复清洗即可

C. 先消毒、后清洗　D. 先清洗、后消毒

67. 小型运动器械配置要注意安全卫生，大型运动器械要牢固、简单、安全，不应该放置在（　）。

A. 塑胶地　B. 水泥地　C. 泥草地　D. 泥地

68.（　）为升记号。

A. “b”　　B. “♯”　　C. “↓”　　D. “↑”

69. 幼儿会动手折出宝塔、碗、桌子、飞镖等物，这是（　　）美工活动。

A. 泥工　　B. 纸工　　C. 绘画　　D. 综合性

70. 婴幼儿体操有模仿操、花色操、器械操等，其中韵律操适合（　　）的幼儿。

A. 1～2 岁　　B. 2～3 岁　　C. 3～4 岁　　D. 4～6 岁

保育员（五级）理论知识试卷答案

一、判断题（第 1 题～第 60 题。将判断结果填入括号中。正确的填“√”，错误的填“×”。每题 0.5 分，满分 30 分）

1.×　2.√　3.√　4.√　5.×　6.×　7.×　8.√　9.√
10.×　11.×　12.×　13.√　14.√　15.√　16.×　17.√　18.×
19.√　20.√　21.×　22.√　23.×　24.√　25.√　26.×　27.×
28.×　29.√　30.×　31.×　32.√　33.×　34.√　35.√　36.√
37.×　38.×　39.√　40.√　41.√　42.√　43.√　44.×　45.√
46.×　47.×　48.√　49.×　50.×　51.×　52.√　53.√　54.×
55.×　56.×　57.×　58.√　59.×　60.×

二、单项选择题（第 1 题～第 70 题。选择一个正确的答案，将相应的字母填入题内的括号中。每题 1 分，满分 70 分）

1. D　2. B　3. A　4. B　5. B　6. D　7. D　8. C　9. D
10. D　11. B　12. D　13. D　14. C　15. A　16. D　17. D　18. B
19. D　20. C　21. B　22. B　23. C　24. B　25. B　26. B　27. C
28. D　29. B　30. B　31. A　32. B　33. C　34. A　35. C　36. A
37. D　38. D　39. A　40. D　41. D　42. C　43. B　44. A　45. D
46. B　47. B　48. C　49. A　50. C　51. C　52. B　53. D　54. C
55. C　56. C　57. C　58. C　59. B　60. B　61. A　62. C　63. B
64. A　65. D　66. C　67. B　68. B　69. B　70. D

第 6 部分

操作技能考核模拟试卷

注 意 事 项

1. 考生根据操作技能考核通知单中所列的试题做好考核准备。

2. 请考生仔细阅读试题单中具体考核内容和要求，并按要求完成操作或进行笔答或口答，若有笔答请考生在答题卷上完成。

3. 操作技能考核时要遵守考场纪律，服从考场管理人员指挥，以保证考核安全顺利进行。

注：操作技能鉴定试题评分表及答案是考评员对考生考核过程及考核结果的评分记录表，也是评分依据。

国家职业资格鉴定

保育员（五级）操作技能考核通知单

姓名：

准考证号：

考核日期：

试题 1

试题代码：1.1.3。

试题名称：泥工（根据题卡内容做泥工）。

考核时间：8 min。

配分：10 分。

试题 2

试题代码：2.1.1。

试题名称：晨检物品的准备及晨检方法。

考核时间：4 min。

配分：15 分。

试题 3

试题代码：2.2.8。

试题名称：便器的清洁及消毒。

考核时间：4 min。

配分：15 分。

试题 4

试题代码：3.1.7。

试题名称：大小便的保育操作。

考核时间：4 min。

配分：25 分。

试题 5

试题代码：3.2.5。

试题名称：指出图片中幼儿午睡时的不安全因素，并叙述应采取的安全措施。

考核时间：4 min。

配分：10 分。

试题 6

试题代码：4.1.3。

试题名称：幼儿衣物的保管操作。

考核时间：5 min。

配分：15 分。

试题 7

试题代码：4.2.1。

试题名称：做托班模仿操。

考核时间：3 min。

配分：10 分。

保育员（五级）操作技能鉴定

试　题　单

试题代码：1.1.3。

试题名称：泥工（根据题卡内容做泥工）。

考核时间：8 min。

1. 操作条件

彩泥、泥工板、题卡。

2. 操作内容

根据指定题卡做泥工。

3. 操作要求

(1) 形象正确。

(2) 外形光洁。

保育员（五级）操作技能鉴定

试题评分表及答案

考生姓名：　　　　　　　　　　准考证号：

试题代码及名称	1.1.3 泥工（根据题卡内容做泥工）			考核时间	8 min				
评价要素	配分	等级	评分细则	评定等级					得分
				A	B	C	D	E	
泥工操作要求： （1）形象正确 （2）外形光洁	10	A	全部正确						
		B	1点符合要求，1点有欠缺						
		C	—						
		D	2点均有欠缺						
		E	未答题						
合计配分	10	合　计　得　分							

考评员（签名）：

等级	A（优）	B（良）	C（及格）	D（较差）	E（差或未答题）
比值	1.0	0.8	0.6	0.2	0

“评价要素”得分＝配分×等级比值。

保育员（五级）操作技能鉴定

试　题　单

试题代码：2.1.1。

试题名称：晨检物品的准备及晨检方法。

考核时间：4 min。

1. 操作条件

卫生工具、用具若干。

2. 操作内容

（1）准备晨间检查时需要的物品。

（2）口述初步晨检的四个步骤。

3. 操作要求

（1）晨检物品准备齐全。

（2）晨检步骤及内容正确。

保育员（五级）操作技能鉴定

试题评分表及答案

考生姓名：　　　　　　　　　准考证号：

<table>
<tr><td colspan="2">试题代码及名称</td><td colspan="3">2.1.1 晨检物品的准备及晨检方法</td><td colspan="3">考核时间</td><td colspan="3">4 min</td></tr>
<tr><td colspan="2" rowspan="2">评价要素</td><td rowspan="2">配分</td><td rowspan="2">等级</td><td rowspan="2">评分细则</td><td colspan="5">评定等级</td><td rowspan="2">得分</td></tr>
<tr><td>A</td><td>B</td><td>C</td><td>D</td><td>E</td></tr>
<tr><td rowspan="5">1</td><td rowspan="5">晨检物品准备齐全：
（1）压舌板
（2）手电筒
（3）体温表
（4）敷料
（5）外用药
（6）记录本
（7）三色牌子</td><td rowspan="5">7</td><td>A</td><td>全部正确</td><td rowspan="5"></td><td rowspan="5"></td><td rowspan="5"></td><td rowspan="5"></td><td rowspan="5"></td><td rowspan="5"></td></tr>
<tr><td>B</td><td>有 5～6 点正确</td></tr>
<tr><td>C</td><td>有 3～4 点正确</td></tr>
<tr><td>D</td><td>有 2 点正确</td></tr>
<tr><td>E</td><td>差或未答题</td></tr>
<tr><td rowspan="5">2</td><td rowspan="5">晨检方法正确：
（1）一问
（2）二看
（3）三摸
（4）四查</td><td rowspan="5">8</td><td>A</td><td>全部正确</td><td rowspan="5"></td><td rowspan="5"></td><td rowspan="5"></td><td rowspan="5"></td><td rowspan="5"></td><td rowspan="5"></td></tr>
<tr><td>B</td><td>有 3 点正确</td></tr>
<tr><td>C</td><td>有 2 点正确</td></tr>
<tr><td>D</td><td>有 1 点正确</td></tr>
<tr><td>E</td><td>差或未答题</td></tr>
<tr><td colspan="2">合计配分</td><td>15</td><td colspan="7">合　计　得　分</td><td></td></tr>
</table>

考评员（签名）：

等级	A（优）	B（良）	C（及格）	D（较差）	E（差或未答题）
比值	1.0	0.8	0.6	0.2	0

“评价要素”得分＝配分×等级比值。

保育员（五级）操作技能鉴定

试　题　单

试题代码：2.2.8。

试题名称：便器的清洁及消毒。

考核时间：4 min。

1. 操作条件

（1）便盆（器）2只。

（2）有盖的塑料消毒桶1只（消毒便盆用）。

（3）抹布、刷子。

（4）消毒液。

（5）盆或桶。

（6）流动水。

2. 操作内容

模拟操作幼儿用的便器、便池、便盆的清洁消毒，并口述相关内容。

3. 操作要求

便器清洁消毒操作的要求和内容正确。

保育员（五级）操作技能鉴定

试题评分表及答案

考生姓名： 准考证号：

试题代码及名称			2.2.8 便器的清洁及消毒		考核时间	4 min				
评价要素		配分	等级	评分细则	评定等级					得分
					A	B	C	D	E	
1	便器清洁： （1）便器清洁方法正确 （2）便器去污方法正确	7	A	全部正确						
			B	—						
			C	有 1 点正确，1 点有欠缺						
			D	2 点均有欠缺						
			E	未答题						
2	便器消毒： （1）正确操作消毒大、小便便盆（器、池） （2）便盆浸泡要求 （3）清洁消毒用的抹布使用要求	8	A	全部正确						
			B	有 2 点正确，1 点有欠缺						
			C	有 1 点正确，2 点有欠缺						
			D	3 点均有欠缺						
			E	未答题						
合计配分		15	合计得分							

考评员（签名）：

等级	A（优）	B（良）	C（及格）	D（较差）	E（差或未答题）
比值	1.0	0.8	0.6	0.2	0

“评价要素”得分＝配分×等级比值。

保育员（五级）操作技能鉴定

试　题　单

试题代码：3.1.7。

试题名称：大小便的保育操作。

考核时间：4 min。

1. 操作条件

（1）卫生纸。

（2）便器（盆、池）。

（3）肥皂。

（4）毛巾。

2. 操作内容

（1）厕所物品准备，并口述相关内容。

（2）指导幼儿大小便，并口述相关内容。

3. 操作要求

（1）厕所物品的准备及环境符合卫生要求。

（2）叙述指导幼儿大小便的保育护理要求及注意点。

保育员（五级）操作技能鉴定

试题评分表及答案

考生姓名：　　　　　　　　准考证号：

试题代码及名称		3.1.7 大小便的保育操作			考核时间	4 min				
评价要素		配分	等级	评分细则	评定等级					得分
					A	B	C	D	E	
1	厕所物品准备及环境要求： （1）厕所的环境要求 （2）厕所的物品准备齐全	15	A	全部正确						
			B	—						
			C	有 1 点正确，1 点有欠缺						
			D	2 点均有欠缺						
			E	未答题						
2	护理及注意要点： （1）幼儿大、小便时的护理要点（2 点以上） （2）幼儿大、小便的注意要点（2 点以上）	10	A	全部正确						
			B	—						
			C	有 1 点正确，1 点有欠缺						
			D	2 点均有欠缺						
			E	未答题						
合计配分		25		合 计 得 分						

考评员（签名）：

等级	A（优）	B（良）	C（及格）	D（较差）	E（差或未答题）
比值	1.0	0.8	0.6	0.2	0

“评价要素”得分＝配分×等级比值。

保育员（五级）操作技能鉴定

试　题　单

试题代码：3.2.5。

试题名称：指出图片中幼儿午睡时的不安全因素，并叙述应采取的安全措施。

考核时间：4 min。

1. 操作条件

午睡图片1组。

2. 操作内容

找出图片中的四种不安全因素，并叙述应采取的四种安全措施。

3. 操作要求

正确指出图片中幼儿午睡时的四种不安全因素，相应的安全措施正确。

保育员（五级）操作技能鉴定

试题评分表及答案

考生姓名：　　　　　　　　准考证号：

<table>
<tr><td>试题代码及名称</td><td colspan="3">3.2.5 指出图片中幼儿午睡时的不安全因素，并叙述应采取的安全措施</td><td colspan="5">考核时间</td><td>4 min</td></tr>
<tr><td rowspan="2">评价要素</td><td rowspan="2">配分</td><td rowspan="2">等级</td><td rowspan="2">评分细则</td><td colspan="5">评定等级</td><td rowspan="2">得分</td></tr>
<tr><td>A</td><td>B</td><td>C</td><td>D</td><td>E</td></tr>
<tr><td rowspan="5">操作要求：
（1）环境方面
（2）用品（物品）方面
（3）幼儿
（4）保教人员</td><td rowspan="5">10</td><td>A</td><td>全部正确</td><td rowspan="5"></td><td rowspan="5"></td><td rowspan="5"></td><td rowspan="5"></td><td rowspan="5"></td><td rowspan="5"></td></tr>
<tr><td>B</td><td>有 3 点正确</td></tr>
<tr><td>C</td><td>有 2 点正确</td></tr>
<tr><td>D</td><td>有 1 点正确</td></tr>
<tr><td>E</td><td>差或未答题</td></tr>
<tr><td>合计配分</td><td>10</td><td colspan="7">合　计　得　分</td><td></td></tr>
</table>

考评员（签名）：

等级	A（优）	B（良）	C（及格）	D（较差）	E（差或未答题）
比值	1.0	0.8	0.6	0.2	0

“评价要素”得分＝配分×等级比值。

保育员（五级）操作技能鉴定

试　题　单

试题代码：4.1.3。

试题名称：幼儿衣物的保管操作。

考核时间：5 min。

1. 操作条件

幼儿衣裤若干套。

2. 操作内容

（1）幼儿衣物放置、保管操作，并口述相关内容。

（2）指导幼儿辨认自己的衣物。

3. 操作要求

（1）幼儿衣物的放置、保管要求正确。

（2）指导方法正确。

保育员（五级）操作技能鉴定

试题评分表及答案

考生姓名： 准考证号：

<table>
<tr><td colspan="2">试题代码及名称</td><td colspan="3">4.1.3 幼儿衣物的保管操作</td><td colspan="3">考核时间</td><td colspan="3">5 min</td></tr>
<tr><td colspan="2" rowspan="2">评价要素</td><td rowspan="2">配分</td><td rowspan="2">等级</td><td rowspan="2">评分细则</td><td colspan="5">评定等级</td><td rowspan="2">得分</td></tr>
<tr><td>A</td><td>B</td><td>C</td><td>D</td><td>E</td></tr>
<tr><td rowspan="5"></td><td rowspan="5">操作要求：
（1）折叠和放置要求
（2）做好标记，指导幼儿辨认
（3）幼儿活动后、回家时提醒</td><td rowspan="5">15</td><td>A</td><td>全部正确</td><td rowspan="5"></td><td rowspan="5"></td><td rowspan="5"></td><td rowspan="5"></td><td rowspan="5"></td><td rowspan="5"></td></tr>
<tr><td>B</td><td>有 2 点正确，1 点有欠缺</td></tr>
<tr><td>C</td><td>有 1 点正确，2 点有欠缺</td></tr>
<tr><td>D</td><td>3 点均有欠缺</td></tr>
<tr><td>E</td><td>未答题</td></tr>
<tr><td colspan="2">合计配分</td><td>15</td><td colspan="7">合 计 得 分</td><td></td></tr>
</table>

考评员（签名）：

等级	A（优）	B（良）	C（及格）	D（较差）	E（差或未答题）
比值	1.0	0.8	0.6	0.2	0

“评价要素”得分＝配分×等级比值。

保育员（五级）操作技能鉴定

试　题　单

试题代码：4.2.1。

试题名称：做托班模仿操。

考核时间：3 min。

1. 操作条件

录音机、托班模仿操录音磁带。

2. 操作内容

根据磁带音乐做托班模仿操。

3. 操作要求

（1）动作正确到位。

（2）节奏合拍。

（3）精神饱满、表情自然。

保育员（五级）操作技能鉴定

试题评分表及答案

考生姓名：　　　　　　　　准考证号：

试题代码及名称	4.2.1 做托班模仿操			考核时间		3 min			
评价要素	配分	等级	评分细则	评定等级					得分
				A	B	C	D	E	
操作要求： （1）动作正确到位 （2）节奏合拍 （3）精神饱满，表情自然	10	A	全部正确						
		B	有 2 点正确，1 点有欠缺						
		C	有 1 点正确，2 点有欠缺						
		D	3 点均有欠缺						
		E	未答题						
合计配分	10	合计得分							

考评员（签名）：

等级	A（优）	B（良）	C（及格）	D（较差）	E（差或未答题）
比值	1.0	0.8	0.6	0.2	0

“评价要素”得分＝配分×等级比值。

续表

序号	书　　名	序号	书　　名
63	天车工（四级）	94	花艺环境设计师（四级）
64	天车工（五级）	95	化工生产运行员（四级）
65	网页设计制作员（三级）	96	化工生产运行员（五级）
66	网页设计制作员（四级）	97	化妆师（四级）
67	维修电工（三级）	98	化妆师（五级）
68	维修电工（四级）	99	计算机网络技术员（三级）
69	维修电工（五级）	100	计算机网络技术员（四级）
70	无线电装接工（五级）	101	家政服务员（四级）
71	眼镜验光员（四级）	102	家政服务员（五级）
72	眼镜验光员（五级）	103	绿化工（初级）
73	医药商品购销员（四级）	104	绿化工（中级）
74	医药商品购销员（五级）	105	汽车配件销售员（五级）
75	育婴师（四级）	106	商品营业员（超级市场类）（五级）
76	育婴师（五级）	107	室内装饰装修质量检验员（三级）
77	珠宝首饰营业员（五级）	108	室内装饰装修质量检验员（四级）
78	保健按摩师（四级）	109	停车场管理员（四级）
79	保健按摩师（五级）	110	停车场管理员（五级）
80	仓库保管工（初级）	111	网络编辑员（三级）
81	仓库保管工（中级）	112	网络编辑员（四级）
82	插花员（四级）	113	维修电工（初级）
83	插花员（五级）	114	维修电工（中级）
84	电子商务员（初级）	115	西式面点师（四级）
85	电子商务员（中级）	116	西式面点师（五级）
86	废水处理工（四级）	117	养老护理员（四级）
87	废水处理工（五级）	118	养老护理员（五级）
88	服装设计定制工（四级）	119	中式面点师（四级）
89	服装设计定制工（五级）	120	中式面点师（五级）
90	广告设计师（四级）	121	中式烹调师（三级）
91	护林工（初级）	122	中式烹调师（四级）
92	护林工（中级）	123	中式烹调师（五级）
93	花艺环境设计师（三级）		